Joh. Maier

Bekenntnis der Theologen und Kirchendiener zu Heidelberg

Joh. Maier

Bekenntnis der Theologen und Kirchendiener zu Heidelberg

ISBN/EAN: 9783744702300

Hergestellt in Europa, USA, Kanada, Australien, Japan

Cover: Foto ©Lupo / pixelio.de

Weitere Bücher finden Sie auf **www.hansebooks.com**

Bekanntnuß
Der Theologen vnnd
Kirchendiener zu Heidelberg/

von

Dem einigen waren Gott in dreyen Personen/

Den zwoen Naturen inn der einigen Person Christi/

Dem heiligen Abendmal vnsers Herrn Jesu Christi/

Sampt angehengtem beweiß/ daß auß ihrer Lehre/ keine verleugnung der waren Gottheit Christi/ folge/ wie sie von etlichen fälschlich außgeschrien werden.

Psalm. 109.

Fluchen sie/ so segne du. Setzen sie sich wider mich/ so müssen sie zu schanden werden/ aber dein Knecht müsse sich frewen.

Mit Churfürstlicher Pfaltz begnadung vnnd Freyheit.

Heidelberg.
M. D. LXXIIII.

I.

Vorrede.

S ist von anbegin der Welt also ergangen/ wird auch biß ans ende also ergehen/ wie vns in Gottes wort ist zuuorgesagt/ daß der Erbfeind deß Menschlichen geschlechts/ der Sathan/ die Kirche Gottes / beide durch außwendige vnnd durch innwendige feinde / durch offentliche Verfolger vnnd Tyrannen/ vnd durch Käzer vnd falsche Brüder/ so sich deß Namens Christi mit vngrund rhümen / sich vntersteht anzufechten/ zuuerwirren vnd vnterzudrucken. Denn der Herr Christus von diesen vnsern/ vnd von allen zeiten gesagt hat/ Wehe der Welt der Ergernuß halben/ Es muß ja Ergernuß kommen/ doch wehe dem Menschen/ durch welchen Ergernuß kompt. Vnd der Apostel Paulus spricht/ Es müssen auch Rotten vnter euch sein/ auff dz die so rechtschaffen sind/ vnter euch offenbar werden. Item/ Das weiß ich/ daß nach meine abscheid werden vnter euch kommen greuliche Wölffe/ die der Herde nicht verschonen werden. Auch auß euch selbest werden auffstehen Männer / die da verkerte Lehre reden/ die Jünger an sich zuziehen. S. Johanns aber sagt von solchen abtrünnigen Irregeistern/ Sie sind von vns außgangen/ aber sie waren nicht von vns/ denn wo sie von vns gewesen weren/ so weren sie ja bey vns blieben. Aber auff daß sie offenbar würden/ daß sie nicht alle von vns seind.

Matt.13.7

1.Cor.11. 19.

Act.20. 29.

1.Joh.2.19.

Weil denn diß nicht allein auß Gottes wort/ sonder auch auß vielfeltiger erfahrung/ bey allen Christen bekannt/ vnnd ausser alles zweiffels gesetzt/ So ist sich je billich zuwundern vber etlicher Leute/ auch die für Theologen wollen gehalten

A ij   sein/

sein / entweder grosser vnbescheidenheit vnnd vergessenheit/
oder gifftiger vnd wider jhr gewissen gesuchter zunötigung
zu zancken vnd zu lestern/ Daß sie dieser Lande Kirchen vnnd
derselben Diener/ sich nicht schämen/ mit offentlichen reden
vnd schrifften/ anzutasten vnd außzuschreien/ als weren sie
mit verleugnung oder verdunckelung der waren vnd Ewigen
Gottheit vnsers Herren JESu Christi/ der Arianischen oder
Samosatenischen Kätzerey/ ja auch der Machometischen/
Türckischen Gotteslesterung/ verwant oder geneiget/ Da=
rumb daß auß denselben etliche verkerte Geister/ zum theil
auß leichtfertigkeit vnnd vermässenheit jhrer Menschlichen
Närrischen witze/ zum theil auß Hochfart vnd wider andere
gefaste Haß vñ Neid/ sich zu vertedigung gemelder irrthu=
me begeben/ vnd endlich durch Gottes Gericht vnd Vrtheil
in solchen abfal von Christo sind gerathen. Denn so alle die
jenigen/ falscher Lehre vnnd Kätzerey/ verdächtig solten sein/
auß welcher mittel etwa Rottengeister vnnd falsche Lehrer
entstehen/ vnd sich von jhnen absondern/ So wurde freilich
die Kirch vnd Lehre der heiligen Apostel/ ja deß HERREN
CHRJSti selbest/ am aller ersten in solchen verdacht vnd be=
Joh.6.70. schuldigung müssen gezogen werden. Hatte nicht der Herr
nur zwölff Apostel erwelet/ vnnd war dennoch einer vnter
jhnen ein Teuffel vnd ein Verrhäter? Seind nicht die ersten
vnd fürnemsten Kätzer auß den Apostolischen Kirchen auff=
gestanden? Darff derhalben diß jhr rhümen niemanden be=
wegen/ daß nicht auß jhren/ sonder auß vnsern Kirchen/ Aria
nische Kätzer zu dieser zeit sind kommen. Denn auch vor=
zeiten nicht von Heiden oder Juden/ sonder auß der Aposto=
lischen Kirche/ Ebion vnnd Kerinthus herfür kommen sind/
welche noch bey leben S. Johannis deß Apostels/ die Gott
heit

heit Christi haben angefochten. Es rhůmen sich/ wiewol mit vngrund / diese Leute/ daß die Vralte Christenheit/ vnd derselben Lehrer vnnd Scribenten/ mit jhnen vberein stimmen/von der niessung Christi im Abendmal/ vnnd von dem vnterscheid der Naturen in Christo. Wo sind aber Arrius/ Paulus Samosatenus/ Photinus/ vnnd dergleichen lesterer deß ewigen Sohns Gottes herkommen? denn auß denselben Christlichen gemeinen vnd jungern dieser Vätter vnd Rechtglaubigen Lehrer/auff die sie sich beruffen/ vnd die sie mit gewalt auff jhrer seitten wollen haben? Sollen denn nu die heiligen Vätter vnnd jhre Kirchen darumb Arianisch gescholten werden/ daß Arius selbst/ vnd sein gantze Rotte/ auß denselben herfür gebrochen vnnd von jhnen abtrünnig worden ist? Oder wie wollen mit solcher weise/ diese vnsere Verleumder/ die sich einer Lehre vnd Kirchen mit den Vättern rhůmen/ der Arianischen vnnd Türckischen Gottslesterung sich entladen? Es were denn sach/ daß sie der Vätter Kirchen/ auß deren mehr Arianer denn von vns/ entstanden sind/ nicht für jhre Kirch wolten erkennen. Es werden ja freilich die Kätzer vnnd falschen Lehrer eben darumb Schismatici, Hæretici, vnnd Apostatæ, Rotten/ Secten vnnd Abtrünnige genennt/ daß sie von der warheit abweichen/ vnnd von der rechtglaubigen Kirchen Christi abfallen. Auß euch selbst/ spricht S. Paulus zu den Kirchendienern von Epheso/werden Männer auffstehen/ die verkerte Lehre reden. Vund S. Johanns sagt/ Sie sind von vns außgangen. Damit aber niemande Johannem vnd seine rechte jünger/ vnd derselben Lehre vnnd glauben/ möchte auß solchem abfal der Kätzer vnd Antichristischen Geister/ verdächtig machen/ setzt er hinzu/ Aber sie waren nicht von vns/ Deñ wo sie von vns/ Nemlich den rechtglaubigen vnnd außerwelten/gewesen weren/so weren sie je bey vns blieben.

Vnd zwar / so man die sach im grund bedencken wil/ So dörffen sie sich nicht so hoch rhümen/vnd vns so tieff verdammen/darumb daß von den vnsern/ mehr denn von den jhren/ dieser oder anderer Käßerepen vnnd Rotten entstanden. Denn wir wollen vnd dörffen/ Gott lob/ nicht wie sie/ vns auff solche faule/ nichts werde beheleff vnnd scheinreden befleissen. Sonst möchten wir villeicht auch so bald jhnen Käßer vnnd Rotten vnnd Abtrünnige zu dem leidigen Antichrist/ fürzuwerffen finden/als sie vns. Diß aber allein wollen wir sie/ vñ einfaltige Christen / die etwa durch solches geschrey möchten jrre gemacht/ oder geergert werden/ auff diß mal erinnern/ wenn dem gleich also were/ wie sie felschlich fürgeben/ daß allein von vns der Arianischen Käßerep anhengige/ vnnd Türckische Mamalucken außgangen vnd abgefallen weren/ vnd viel mehr Käßer vnnd Rotten von den vnsern/ denn von den jhren entstünden/daß sich dennoch darob nicht so sehr zuuerwundern noch zu ergern were/viel weniger darauß folgete/daß vnsere Lehr vnnd glauben vnrecht/oder solches abfals ein vrsach were. Denn der Teuffel niergend mehr Capellen zu bawen sich befleisset/denn wo er sihet den baw der Kirchen Christi am meisten auffgehen/ vnd nirgend hässiger gemühet ist/vnd mehr spaltung/ Jrthumb/ vnnd ergerniß außzurichten sich vntersteht/denn da er sihet/daß Gottes wort am reinesten wird geprediget/der Abgötterey vnd seinẽ Reich der gröste widerstand vñ abbruch geschihet. Daß diesem also sey/ ist leichtlich darauß abzunemen/ daß viel mehr Käßerepen in der Christenheit/ehe das leidige Römische Papstum auffkommen ist/denn vnter demselben/sich erhaben. Die vrsach

ist

ist leicht zusehen. Denn wo der Teuffel die Leute mit Irrthum vnd Abgötterey geblendet/ vnnd also seinen Antichrist an Christi statt gesetzet hat/ da befleisset er sich sölch sein Regiment nicht zuuerstören vnnd einzureissen/ sonder viel mehr zuerhalten vnd zubefestigen. Gleich als wenn ein starcker Gewapneter seinen Palast bewaret/ so bleibt das seine mit frieden. Dargegen aber/ wo er mercket/ daß ein stercker vber jhn kommen/ vnd jhn vberwinden/ vnd jhm seinen Harnisch nemmen/ darauff er sich verließ/ seinen tücken vnnd lügen/ damit er die Leute verführet vnd äffet/ die laruen abziehen/ vnnd jn außtreiben wil/ da sperret er sich/ vnnd weret sich mit aller list vnd macht/ mit liegen vnd mit triegen/ mit lestern vnnd mit schmähen/ mit Mörden vnnd mit Toben/ durch Kätzer vnd falsche Lehrer/ durch spaltungen/ falsche Brüder/ vnnd allerley ergerniß/ durch verfolger vnd Tyrannen/ vnd sparet keine mühe/ daß er das scheinende Liecht der warheit verdunckelen vnd außlöschen möge.

Luc. 11.12.

Eben auß dieser vrsach müssen wir auch leiden/ daß der Teuffel vnd die Welt vber niemandt so hässtig zürnen/ vnnd Crucifige schreien/ als vber vns/ dieweil wir jhre Götzen nicht wollen anbetten vnd loben. Wir zweiffeln aber nicht/ verstendige vnd Gottsälige Leute werdē sich wol wissen zuerinnern/ daß weder lesterung vnnd verfolgung/ so der Teuffel wider die gemein Christi erreget/ noch trennung/ Kätzerey vnd allerley ergerniß/ so er in der Christlichen Kirchen anrichtet/ vns/ die wir von Christo gewarnet sind/ daß es also vnd nicht anders/ biß ans end der Welt/ zugehen werde/ an erforschung der warheit jrren/ oder nach dem wir dieselbe erkannt/ daruon abzuweichen bewegen solle. Bitten vnnd ermanen auch alle Christen/ denen Gottes Ehre vnd jhre eigene Säligkeit lieb

vnd

vnd angelegen ist / daß sie nicht auff jrrgend ein fürfallende ergernis / auch nicht auff das Vnchristlich geschrey vnd von vns felschliche außgeben der Widersacher / sonder viel mehr auff Gottes wort / vnd auff vnsere Lehre vnd eigene bekentniß wollen sehen / vnd dieselbe / da sie dem Wort Gottes widerig befunden / nur weit genug hindan setzen vnnd von sich werffen / da sie aber mit Prophetischer vnnd Apostolischer Schrifft stimtet / sich mit verwerffung vnd verdammung derselben nicht vergreiffen / noch jhr gewissen vnnd Säligkeit verletzen.

Diese errinnerung were / vnsers achtens / genug bey Christlichen Leuten / sie wider das vnuerschämte newe Mordgeschrey etlicher vnrüwigen / frächen Leute / zuuerwaren vnnd gefast zumachen / vnnd sie von ansehung solcher vnd dergleichen ergerniß / auff betrachtung vnd erwegung der Lehre zuweisen. Dieweil aber obgedachte Verleumbder / freuentlich fürgeben vnnd außschreiben / daß vnsere Lehre von vnserem Herrn Christo vnd seinem heiligen Abendmal / ein grund vñ vrsprung sey der Arianischen vnd Mahometischen lesterung wider Gott vnnd wider Christum / als die auß vnserer Lehre sollen folgen / ja schämen sich auch nicht vnsere Lehre von Christo / mit dem Türckischen Alcoran zuuergleichen / So haben wir für nöttig geachtet vnseren Christlichen glauben vnd bekanntnuß / von den dreyen personen der einigen ewigen Gottheit / von den zwoen vnterschiedenen / aber doch vngetrenten Naturen in der einigen person Christi / Auch von der warhafftigen niessung vnd gemeinschafft des Leibs Christi in vnd ausser dem heiligen Abendmal / Alhie kurtzlich vnnd klärlich zuwiderholen / Vnd für der gantzen Christenheit zu bezeugen vnnd zuerweisen / daß wir nicht allein kein Arianische

sche vnd Mahometische/sonder die Vralte/allein ware/in Gottes wort gegründte/vnd allezeit von der rechtglaubigen Kirche Christi bekannte vnd wider alle Ketzer vnd Verfolger erstrittene Lehre von Christo dem Son Gottes/führen vnd bekennen/ Sonder auch auß solcher vnser Lehre vnd bekantnuß keiner dieser vns felschlich zugemessenen vnnd auffgetrochenen Irrthume/folge oder herfliesse/Auff daß diesen frechen Lästerern jhre vnwarheit vnd lästerung zuruck in jhr vnuerschämtes Maul getrieben/die Ehre Christi vnnd seine warheit/vnd die vnschuld vnserer Kirchen gerettet/vnnd dem Ergernuß der schwachẽ vnd einfeltigen Christen begegnet vñ vorkom̃en werde. Deñ ob wol allen denen/so vnsere Lehre in Kirchen vnd Schulen gehört/vnnd noch täglich hören/genugsam bewust/auch auß vnseren vnd vieler gelerten/Gottseligen Männer/nu von vieljaren her offentlich außgegangenen/vnnd durch die Welt bekannten Schrifften vnd Büchern/meniglich kundt vnnd offenbar/daß/GOtt lob/bey vns keine Arianische/oder Samosatenische oder Mahometische Lehre von GOTT vnd Christo geführet/Sonder viel mehr alle solche vnnd dergleichen Irrthum/Ketzereyen vnd Gottslästerungen/gantz ernstlich/hefftig vnd mit sattem grund Göttliches Worts täglich widerfochten vnd widerleget werden/vnd wir denselben von hertzen feind vñ widerwertig sind/darzu auch vnser Christliche Oberkeit solche lesterung Christi/andren zum Exempel/offentlich mit dẽ schwert gestrafft/So haben wir doch solche Summarische widerholung/mit beygesetzter deutlicher erklärung vnser meinung/ für notwendig gehalten/Damit nicht jemand wänen möchte/daß wir von vnserer vorigen Lehre vnd Bekantnuß abgewichen/vnd nu erst/nach vnserer Verleumder fürgeben/auß

B   Christen

Christen zu Türcken worden weren/ oder auch vnter den recht scheinenden worten/ etwa ein vnrechten verstand hielten vnd deckten/ vñ demnach auch/ daß menniglich vnsere Lehre vom heiligen Abendmal vnd dem vnterscheid der zweien Naturen in Christo/ desto baß vnd leichter gegen der rechten Lehre von der waren Gottheit Christi/ vnd der heiligen Dreyfaltigkeit halten/ vnd also verstehen könne/ daß vnsere bekanntnuß vom Abendmal vnd der waren Menschheit Christi/ seiner ewigen waren Gottheit/ gantz vnd gar nichts beneme/ noch auß derselben einiger Arianischer oder Mahometischer Irrthumb erfolge/ Sonder viel mehr solche Ketzereyen vnd lästerung/ durch vnsere Lehre besteñdiglich widerlegt vnd verdammet/ durch des gegentheils aber new erdachte Lehre/ vnd verkerte deutung der Schrifft/ der Arianischen vnnd Samosatenischen/ jetzund wider auff die ban gebrachten verfürung/ die Thür auffgethan/ vnd der weg bereitet werde. Wolten wir lieber dieser mühe vberhaben sein/ wenn wir mit gutem gewissen darzu könden schweigen/ daß die rechte Lehre vnd erkanntnuß Christi an vns für Türckisch gescholten wirdt/ vnd wenn nicht die Ehre Gottes aller Menschen gunst vnd glimpff/ vnnd allen andern dingen müste vorgezogen werden.

/Bekanntnüß

IX.

Bekanntnuß
Von den dreyen Perso-
nen des einigen Göttli-
chen wesens.

Es zeugen beyde/Gottes wort/vnd aller Gottesfürchtigen vnd rechtuerstãndigen Leute bekanntnuß/daß keiner Creatur/sie sey so edel vnd weise/als sie immer mag/ GOtt zuerkennen müglich sey/dann allein so ferne er sich selbst/auß freywilliger Güte vnd Gnade/offenbaret vnd zuerkennẽ gibt. Dann niemand hat Gott je gesehen/vnd niemand kennet den Vatter/dann der Son/der vom Vatter ist/der hat den Vatter gesehen/ der da wohnet in einem Liecht/da niemand zukommen kan/ welche kein Mensch gesehẽ hat/noch sehen kan. Wiewol aber Gott in Erschaffung der Welt/die vernünfftigen Creaturen/nemlich die Engel/die er allzeit sein Angesicht im Himmel schawen läst/vnd die Menschen/die er zu seinem Ebenbild erschaffen/neben andern hohen gaben/auch mit erkañtnuß ires erschaffers gezieret hat/So hat doch das Menschlich Geschlecht/solche erkanntnuß durch die Sünde dermassen verlohren/vnnd sich in vnwissenheit vnnd zweiffel/ja in blindheit seiner vernunfft/vnnd neigung zur vnwarheit vnd allerley Irrthumb von Gott vnd seinem willen/gestürtzet/ Daß/ob wol auch nach diesem fall/auß sonderlicher Weißheit vnd gütigkeit Gottes/ein fünklein des natürlichen/in

Ioan. 1. 18.
Matth. 11.
27.
Ioan. 6.
46.
1. Timo. 6.
16.
Matth. 18.
10.
Gen. 1. 27.

B ij

X.

der erschaffung eingepflantzten Liechts vnnd wissenschafft von Gott/in der Menschlichen vernunfft bleibet/ Vñ Gott durch seine wunderbare Werck/in erschaffung/erhaltung/ vnd Regierung aller Creaturen/im Himmel vnnd auff Erden sich offenbaret/ Dennoch wir auß diesem natürlichen Liecht/durch krafft vnsers verstands/zu rechter vnd seligmachender erkanntnuß Gottes/nimmermehr können kommen/ Sonder an statt des rechten waren Gottes/auff welchen vns die Natur weiset vnd deutet/einen andern Gott/dann in der Warheit ist/vns dichten vnnd einbilden. Dann es hat wol

Actor.14. 17.
Gott sich selbst nicht vnbezeuget gelassen/thut vns vil guts/ gibt vom Himmel Regen vnd fruchtbare zeit/vnnd erfüllet

Actor.17. 26.
vnsere Hertzen mit narung vnd freuden/Vnd hat gemacht/ daß von einem Blut/aller Menschen Geschlechte auff dem Erdboden wohnen/vnnd hat ziel gesetzt zuuor versehen/wie lang vnd weit sie wohnen sollen/daß sie den HERREN suchen solten/ob sie doch jhn fühlen vnd finden möchten/vnd ist er zwar nicht ferne von einem jeglichen vnder vns/dieweil

Rom.1.18.
wir in jm leben/weben/vnd sind/ Darzu wirdt auch Gottes zorn vom Himmel offenbaret vber alles Gottloß wesen vnd Vngerechtigkeit der Menschen/die die Warheit in Vngerechtigkeit auffhalten/vnnd ist also jnn offenbaret/daß Gott sey/daß Gott hat es jnen offenbaret/damit/daß Gottes vnsichtbares wesen/das ist/seine ewige Allmächtigkeit vnnd Gottheit/wirdt ersehen/Dann man muß es mercken an den Wercken/die er thut an der Welt/die er geschaffen hat/ Aber doch haben jhn die Menschen nicht gepreiset/als Gott/ noch gedancket/sonder sind in jrem dichten eitel worden/vnd ist jr vnuerständiges Hertz verfinstert/Vnnd da sie sich für weise hielten/sind sie zu Narren worden/daher sie auch haben

ben verwandelt die Herrligkeit des vnuergänglichen Gottes in ein Bilde gleich dem vergänglichem Menschen/ vnnd der Vögel vnd der vierfüſſigen/ vnd der kriechenden Thiere.

Dieweil aber Gott nicht gewolt hat/ daß das Menſchliche Geſchlecht in ewiger Finſternuß vnd Todt bliebe/ Vnd aber zum ewigen Leben niemand ohne rechte erkanntnuß Gottes kommen mag/ wie der HERR ſelbſt ſpricht/ Das iſt das ewige Leben/ daß ſie dich für den allein waren Gott/ vnd Jeſum/ den du geſand haſt/ für Chriſtum erkennen/ So hat er auß vnermäßlicher Barmhertzigkeit/ ſich auß ſeinem verborgenen vnbegreifflichen Liecht/ widerumb herfür gethan/ vnd auffs newe durch ſein wort/ vnd die Erlöſung vnd Ernewerung der Außerwehlten zum ewigen Leben/ ſich offenbaret/ Vnnd durch ſeinen ewigen eingebornen Son/ den er auß ſeinem Schoß geſendet/ vnd zum Mittler geordnet hat/ mit dem Menſchlichen Geſchlecht geredt/ welcher Son Gottes von anbegin der Welt/ von Gott vnd ſeinem willen gelehret hat/ euſſerlich/ durch das mündlich wort/ ſo er zu den Ertzuättern vnd Propheten/ durch ſich ſelbſt/ vnd durch ſeine Diener die heiligen Engel/ in ſichtbarer geſtalt/ Vnnd endlich in ſeiner eigenen angenommenen Menſchheit/ auff Erden geführet/ vnd durch das von jm eingeſatzte/ vnnd bißher erhaltene Predigampt/ verkündigen hat laſſen/ Vnd jnnerlich durch ſeinen heiligē Geiſt/ den er in die Hertzen der Außerwehlten/ von anfang biß ans ende der Welt/ ſendet. Dann nachdem die Welt in der Weißheit Gottes/ Gott nicht erkannt auß ſeiner Weißheit/ hat es Gott wol gefallen/ durch die thörichte Predigt ſelig zumachen die/ ſo da glauben. Diſe Predigt aber/ ſo die Welt für ein thorheit helt/ iſt die weißheit vnd erkañtnuß Gottes/ Daſi niemand keñet den Vatter

Ioan.17.
1.Cor.j.3.
Matth. 11. 27.

B iij   dann

Ioan. 1.18. dann der Son/ vnnd wem es der Sohn will offenbaren/ der in dem Schoß des Vatters ist von anbegin/ vnnd seinen heimlichen Rahtt vnd Willen vns hat verkündiget.

Auß solchem aber ist offenbar/ daß kein grössere Narheit vnd vnsinnigkeit sein kan/ denn so man von Gotte/ vnd seiner Natur vnnd seinem willen/ auß Menschlicher vernunfft wil vrtheilen/ als die in Göttlichen sachen blind/ vil von der warheit abgewendet vnd zu allerley Irrthumb vnnd Lügen/ von Gotte vnd seinem willen vnd wesen/ gantz geneigt vñ geflissen ist/ vnnd derwegen die ding/ so der Geist Gottes lehret/ **1.Cor.1.14.** nicht fasset/ denn sie sind jr eine Torheit/ vnd kan sie nicht erkennen/ dieweil sie durch den Geist werden verstanden/ Auch kein grössere vnnd vnträglichere vndanckbarkeit/ denn das wider angezündte vnd angebotene Liecht der waren erkanntnuß Gottes in seinem wort/ verachten vnd verstossen/ vnnd kein so Gottslesterlicher mutwillen/ als wenn die Menschen nicht hören wöllt/ was Gott von sich selbest/ in seinem wort/ vnd so vielen herrlichen offenbarungen/ lehret vnd zeuget/ vñ jhnen selbest/ wider solche zeugnuß/ einen andern/ vnnd auß eigener vermässenheit erdichten Gott einbilden.

Es ist aber solche vndanckbarkeit vnd freuel gegen Gott/ zur zeit des Newen Testaments viel grösser vnd vnleidlicher/ **Heb.1.1.** denn zur zeit des Alten Testaments/ Dieweil Gott vorzeiten wol manchmal vnd mancherley weise geredt hat zu den Vättern durch die Propheten/ Am letzten aber in diesen tagen/ zu vns geredt hat durch den Son/ welchen er gesetzt hat zum erben vber alles/ welcher selbest Mündlich/ in seiner angenommenen Menschheit/ von Gott seinem ewigen Vatter/ vnd von jhm selbest/ vnd von seinem heiligen Geist geprediget/ vñ den heiligen Geist gesendet/ durch welchen er die gantze Lehre

XIII.

ne Lehre von Gott vnnd vnser Seligkeit gar viel klärer vnnd heller/ denn zuvor je geschehen/ hat seinen Aposteln/ vnd seiner gantzen Kirchen/ dargethan vnnd zuverstehen gegeben/ daß er nicht ohne grosse vrsach/ vns selig preiset/ daß wir sehe vnd hören/ das viel Propheten vnd Könige wolten sehen vnd hören/ vnd habens nicht gesehen vnd gehört. Ist derhalben vngezweifelt zusehen vnnd zuschliessen/ weil die Lästerer des eingebornen Sons Gottes vnd seines Geists/ nicht erschrecken jhren Rachen wider Gott auffzusperren/ vnd seiner auß dem Himmel schreienden stimme trotziglich zuwidersprechē/ vnd von der Welt zufodern/ daß sie Gott soll heissen schweigen/ vnd jhnen zuhören vnd von jhnen lehrnen/ wer der rechte Gott/ vnnd wie seine art vnd Natur sey/ Vnnd dennoch die langmütigkeit Gottes sie nicht wie Sodoma vnnd Gomorra mit Fewer vom Himmel verderbet/ vnd wie Dathan vnd Abiron lebendig in die Helle stürtzet/ daß sie Gott zu einem schwerern vnd schröcklichern vrtheil sparet.

Matth. 13.
16.

Für solcher boßhafftigen Blindheit vnnd Gottlosen Halßstarrigkeit/ wirdt der Ewige Gott vns vnd alle Gottesförchtige hertzen/ durch seinen Sohn vnd heiligen Geist behüten/ Als die wir wissen/ daß nicht allein vnsere Närrische/ blinde Vernunfft / Sonder auch Himmel vnd Erden erzittern vnd schweigen soll/ wenn der HERR seinen heiligen Mund aufftthut/ vnd mit vns redet/ Vnnd alle Engel vnnd Menschen/ also vnd nicht anders von jhm sollen halten vnnd reden/ denn wie er selbst von sich lehret vnnd sich offenbaret/ nichts darzu setzen / nichts daruon nemen/ nichts daran endern sollen/ es düncke gleich vnsere vernunfft vnd alle weisen dieser Welt/ also sein oder nicht.

Es lehret vns aber die heilige Prophetische vnnd Apostolische

stolische Schrifft/vnnd alle darinnen verfassete Zeugnuß/ damit sich GOtt von anbegin der Welt/in seiner Kirchen hat geoffenbaret/Daß nur ein einiger warer Gott sey/ein einiges/ewiges/Geistliches/vnendlichs/vnbegreifflichs vnd vnwandelbares wesen/vnermäßlicher Güte/Weißheit/ Gewalt/Krafft/Gerechtigkeit/Barmhertzigkeit/Reinigkeit/Warheit/vnd Zornes wider alle Sünde/ein Erschaffer Himmels vnd der Erden/vnd aller Creaturen/vnderschieden von allen andern dingen/vnnd ein vrsprung vnd vrsach alles guten/ein ewiger Vatter/vnnd gleich ewiger Son/ von Ewigkeit auß des Vatters wesen geboren/vnnd gleich ewiger heiliger Geist/der von Ewigkeit vom Vatter vnnd Son außgehet/welcher GOtt sich durch die Prophetische vnd Apostolische Lehre/mit gewissen Zeugnussen hat offenbaret/vnnd jm auß dem Menschlichen Geschlecht ein ewige Kirche samlet/daß er von derselbigen erkennet/vnd ewiglich gepriesen werde.

Deut.6,4. Dann also sagt GOtt von sich durch Mosen/Höre Israel/der HERR vnser Gott ist ein einiger HERR.
Deut.32,39. Item/Sehet jhr nun daß ichs allein bin/vnnd ist kein Gott
1.Cor.8,4. neben mir? Vnnd durch den Apostel Paulum/daß kein an-
Ephes.4,6. der Gott sey/ohne der einige.

Darneben aber lehrnen wir auß klaren vnd gewissen Zeugnussen Göttliches worts/daß dise drey/vnd nicht mehr noch weniger/nemlich der ewige Vatter/vnnd sein ewiger Son/vnd heiliger Geist/Göttliche Personen sind/das ist/ drey warhafftige/wesentliche/für sich selbst bestehende/lebendige/vernünfftige ding/deren ein jedes einzig/vnnd keinem andern ding mitgetheilet/noch von einem andern getragen vnnd erhalten/noch ein theil eines andern dinges ist.

Also

Also wirdt ein Engel oder ein Mensch darumb ein Person genent/daß er ein selbstendiges/wesentliches/lebendiges/vernünfftiges/gantzes/besonders/keinem andern mitgeteiltes/noch von einem andern getragenes ding/ auch kein stück eines andern dings ist. Dargegen aber/Weißheit/Gerechtigkeit/vnd was dergleichen ist/in Engeln vnd in Menschen/ist kein Person/denn es ist ein zufelliger anhang/der nicht für sich selbst/sonder allein in einem andern wesentlichen ding bestehet. Ein Stein oder Klotz ist kein Person/denn es lebet nicht. Ein vnuernünfftig Thier ist kein Person/denn es verstehet nichts. Ein Seel/oder ein Leib eines Menschē ist nicht ein Person/denn es ist beides nur ein stück eines gantzen vnd einigen Menschen. Auch die angenomene Menschheit in Christo ist kein besondere Person/denn sie wirt getragen vnd erhalten von der Gottheit/viel mehr denn der Menschliche Leib von seiner Seelen.

Vnd sind diese drey Personen also vnterschieden/daß der Vatter nicht ist der Son oder heilige Geist/ auch der Sohn nicht der heilige Geist. Denn der Vatter ist die erste Person der Gottheit/welche von keiner andern Person ist oder entstehet/oder ihr wesen hat/sonder von jr selbest/von welcher der Son von Ewigkeit geboren/vnd der heilige Geist außgegangen ist/die durch den Son vñ heiligen Geist/alles erschaffen/Vnnd den Sohn in die Welt gesandt hat/daß er Mensch vnd Mittler zwischen Gott vnd vns würde/vnd den heiligen Geist sendet durch den Son. Der Son ist die ander Person der Gottheit/von Ewigkeit vom Vatter geboren/durch welchen der Vatter alles erschaffen hat/erhelt vnd regieret/vnnd ist von anbegin gesandt vom Vatter/daß er den Menschen Gott offenbarete/(darumb er die Weißheit vnd

C das

das wort Gottes genent wird) den H.Geiſt gebe/vñ ein ewige Kirche ſamlete/vñ endtlich Menſch wůrde/vñ der Mitler were zwiſchen Gott vnd den Menſchẽ. Der H. Geiſt/iſt die dritte Perſon der Gottheit/welcher außgehet vom Vatter vnd vom Son/vñ wirt geſendet võ Vatter durch den Son/ in die hertzen der Menſchẽ/dz er ware erkanntnuß Gottes in ſnen anzünde/vñ die außerwelten ernewere zum ewigẽ leben.

Solche ordnung aber vnnd vnterſcheid der Perſonen/ machet vnter jhnen gantz vnnd gar keine vngleichheit/noch trennung/Sonder ſie ſind alle an warer Gottheit/ewigkeit/ vnendtlichheit/Allmechtigkeit/Weißheit/gůtte/Gerechtigkeit/vnnd aller Göttlichen art vnnd eigenſchafft/Maieſtet/ Herrligkeit vnd wirckung einander gleich.

Vnd wirdt ſolche gleichheit der Perſonen durch die ordnung vnd entſtehung einer Perſon auß der andern/nicht allein nicht geſchwechet/Sonder auch gantz vnwiderſprechlich beſtetiget vnd erwieſen/Dieweil ſie alle drey/nicht allein einander nicht vngleich/ſonder auch vnzertrent vnd eines einigẽ weſens ſind. Denn weil der Vatter dem Son/vnd der Vatter vnd der Son dem heiligen Geiſte jr Göttliches weſen vñ Subſtantz mitteilen vnd gemein machen/durch das ewige/ heimliche vnd vns vnbegreiffliche vnd vnaußſprechliche geberen vnd außgehen/So kan es je nicht anders ſein/denn daß der Son vom Vatter/vnd der heilige Geiſt vom Vatter vñ Sone/das gantze/vnzertrente Götliche weſen habe/dieweil daſſelbe je nicht kan getheilet oder zerſtücket werden/vnd alſo der Son auß dem gantzen weſen des Vatters/vnd der heilige Geiſt auß dem gantzen weſen des Vatters vnnd des Sohns entſtehet vnd iſt/vnd derhalben ein jede Perſon/nicht nur ein ſtück der Gottheit/ſonder die gantze/volkomene/einige Gottheit

heit in sich hat/ welche nichts anders ist/ denn die ewige/ vnendliche Allmächtigkeit/ Weißheit/ Gütte/ Gerechtigkeit/ vnnd in summa/ alle Göttliche art vnnd eigenschafft selbest: Sind derwegen diese drey Personen warer vñ durch auß gleicher Gott. Vnd demnach das Göttliche wesen nicht allein sich nicht teilen oder zertretten/ sonder auch sich nicht mehr/ oder mehr deñ eins darauß werden kan/ So ist auch vnwidersprechlich/ daß der Vatter dem Son/ vnnd der Vatter vnnd Son dem H. Geist/ kein ander Göttlichs wesen vnd Natur mittheilen können/ denn eben dasselbe/ daß sie selbest in sich haben vñ von ewigkeit zu ewigkeit behalten. Sind derhalb? diese alle drey eines einigen wesens/ das ist/ in keinen weg drey Götter/ sonder ein einiger Gott in dreyen Personen/ oder/ drey Personen einer einigen Gottheit. Vnd stehet also die einigkeit Gottes in der einigkeit des Göttlichẽ wesens/ welches ewig von sich selbst ist/ vñ diese drey Personen/ das ist/ das wesen dieser dreyer Personẽ zugleich ist. Die dreyfaltigkeit aber/ vñ der vnterscheid der Personen/ stehet in dreierley weise/ auff welche das einige Göttliche wesen in diesen dreien Personẽ ist vnd bestehet. Denn das Göttliche wesen ist den dreien Personen gemein/ doch also/ daß es der Vatter von jhm selbest/ der Son vom Vatter/ der H. Geist vom Vatter vnd vom Sone hat/ vnd ist die vnendtliche krafft/ Weißheit/ gütte/ die ein iede dieser drey Personen für sich selbest in sich hat vnnd ist. Der Personen aber teilet sich keine der andern mit/ also daß eine die ander were oder würde/ sonder haben in sich/ vnd sind dasselbe wesen/ so ihnen allen gemein ist/ iede auff eigene/ besondere/ vnterschiedliche weise/ Nemlich/ also/ dz der Vatter dasselbe sein wesen hat vñ ist von keinẽ andern/ sonder von jm selbest/ der Son vñ heilige Geist/ nicht von jnẽ selbest/ sonder

C ij der

XVIII.

der Son allein von dem Vatter/ der H. Geist/ vom Vatter vnd vom Son. Vnd ist also die Person des Vatters von jhr selbest: die Personen des Sons vnd H. Geists sind nicht von jnr selbest. Aber dz Göttliche wesen deß Sons vñ H. Geistes ist oder entstehet/ nicht des da weniger/ auff keine weise von einem andern/ so wol als das wesen des Vatters/ Deñ es ist ebñ diß wesen in dem Son vnd heiligen Geiste/ das auch in dem Vatter ist/ Ob es gleich dem Sohn vnd dem heiligen Geiste mitgetheilet vnd gemein wirdt. Vnd haben also die andere vnd dritte Person jhren Vrsprung auß der ersten Person/ das einige wesen aber dieser Personen/ hat keinen Vrsprung/ sonder ist vñ bestehet von sich selbest/ von ewigkeit zu ewigkeit.

  Diesen vnterscheid des Göttlichen wesens vnd der Personen/ hat Gott etlicher massen entworffen vnd angezeigt in der Menschlichen Natur. Denn wie ein Vatter vnd Son die Menschliche Natur gemeine haben/ also/ daß sie beide ware Menschē sind/ die Person aber des Vatters vnd des Sons haben sie nicht gemein/ also/ daß der Vatter nicht Son/ auch der Son nicht Vatter ist/ deñ ein ander ding ist Vatter sein/ ein anders ist Son sein/ vnnd diese beide sind ein ander ding/ denn Mensch sein. Vatter sein/ heist den Sohn auß seinem wesen geboren haben/ Son sein/ heist vom Vatter geboren sein/ Aber Mensch sein/ heisset dieser keines/ sonder heisset ein Menschlichen Leib vnd ein vernünfftige Seele haben/ Es habe gleich die Person dieses Menschliche wesen/ durch erschaffung/ wie Adam/ oder von Vatter vnd Mutter/ wie die andern Menschen/ oder allein von der Mutter/ wie Christus. Denn diese weise das Menschliche wesen zuhaben/ gibt noch nimt der waren Menschheit nichts. Also haben Gott der Vatter/ Son/ vñ H. Geist/ das Göttliche wesen oder Göttliche

liche Natur/gemein/also/daß sie alle warer Gott sind/Jhre Personen aber haben sie nicht gemein/sonder ein jeder seine allein für sich selbest. Deñ ein ander ding heist Gott sein/ein anders heisset Vatter/Son/oder heiliger Geist sein: Vatter sein/heisset dem Son vñ H. Geiste von ewigkeit sein Göttliches wesen/Substantz/oder Natur habē mitgetheilet/Son sein/heisset/von ewigkeit eben dasselbige Göttliche wesen/võ Vatter haben/heiliger Geist sein/heisset eben dasselbe wesen von ewigkeit vom Vatter vnd vom Son haben/Aber Gott sein/heisset diser keines/sonder heisset ein ewiges/vnendlichs/vnbegreifflichs wesen sein/vnermäßlicher güte/vnnd ein vrsprung alles guten/ꝛc. wie zuuor gemeldet/Es habe gleich die Person diß Göttliche wesen von jr selbst/wie der Vatter/ oder von einem andern/wie der Son/oder von zweyen andern/wie der heilige Geist. Dann solche weise das Göttliche wesen zuhaben/gibt noch nimt der waren Gottheit nichts.

Ist aber doch in dieser gleichnuß fleissig zumercken/der vnderscheid des vnendlichen/vnerschaffenen/ewigen/Göttlichen wesens/vnd des endlichen oder begreifflichen/erschaffenen wesens der Creaturen. Dann in den Creaturen sind nicht allein die Personen/sondern auch das wesen/des geberenden vnd des geborenen/des Vatters vnnd des Sons vnderscheiden/vnd getheilet/also/daß ein ander wesen der Vatter/ein anders der Son hat/ob sie schon gleicher vnd einerley art vnd Natur sind. Die vrsach ist/daß das endliche vnd erschaffene wesen/als in Gewächssen/vnnd in den Thieren/vnd Menschen/dem Geborenen/von dem Geberenden/nit gantz/sonder nur eins theils mitgetheilet wirdt/vnd dasselbe mitgetheilte vnd abgesonderte stück des wesens/auß dem das Geborene wirdt/nicht in dem Geberenden/sonder allein in

E iij   dem

dem Geborenen/ist vnd bleibet. Viel ein andere gestalt aber hat es/mit dem vnendlichen/vnzertrennlichen/Göttlichen wesen/welches von der geberenden vnd mittheilenden Person/als von dem ewigen Vatter/vnd von dem Sohn/nicht eins theils oder stückweiß/sonder gantz vnd vnzertheilet/der geborenen oder außgehenden Person/als dem Son/vnnd dem heiligen Geist/wird mitgetheilet/vnd doch also/daß der Vatter vnd der Son dasselbe nit verlieren/sonder eben dasselbe in jhnen selbst behalten/daß der Vatter dem Son/vnd sie beyde dem heiligen Geiste mittheilen/Das also diser drey Personen nicht allein ein gleiches vnd einerley/sondern auch nur ein einiges/vnzertrentes wesen ist vns bleibet/von ewigkeit zu ewigkeit/vnnd sie nicht mehr/dann ein einiger ewiger Gott sind. Dann eben darinnen stehet der vnterscheid des endlich erschaffenen/vñ des vnendlichen vnerschaffenen wesens/daß jenes nicht kan vngetheilet mehrer dann einer Personen oder dinge wesen sein/eben wie es auch nicht kan zugleich an vielen orten sein/diß aber kan mehrer Personen wesen sein/vñ vnd dennoch vnzertrennt vnnd einig bleiben/gleich wie es auch vngemehret vnd vngetheilet/gantz vnd einig/zugleich an vielen/ja an allen orten ist.

Da dieses vnterscheids/des Schöpffers vnd der Creaturen/vnd dieser art vnnd eigenschafft/der vnbegreifflichen Gottheit/wargenommen wirde/ist einem Gottsfürchtigen Menschen leicht/alle Sophisterey vnd Einreden aller Heiden/Juden/Türcken/vnd Ketzer/vnd alle Ergernusse vnnd anstöße/auch alle närrische/fürwitzige/vnd in Gottes wort nicht erklärte Fragen/der blinden Menschlichen vernunfft/eins mals auß dem wege zu thun vnnd zuuerachten/Also daß er gantz vnd gar nicht fragt/Wie können drey eins/vnd

eins

eins drey sein / Wie können der Son vom Vatter / vnnd der heilige Geist vom Vatter vnnd vom Son jhr wesen haben / vnnd dannoch mit dem Vatter gleich ewig sein? Auff was weise geschicht die ewige Geburt / vnnd das ewige außgehen des heiligen Geistes? Vnd was dergleichen sein mag / das die Menschlich vernunfft ausserhalb des worts Gottes suchet / vnd jr selbst den weg zu rechter erkanntnuß des waren Gottes damit verleget. Dañ da es also gülte fragens / so möchte auch einer fragen / wie das Göttliche wesen / einig vnd vnzertrent / zugleich allenthalben gegenwertig sein könne / Dann wir diß eben so wenig mit vnser vernunfft können fassen vnnd außgründen / als daß es einig vnnd vngetheilt dreyer Personen wesen ist. Solte aber darumb nicht war sein / daß GOTT gesprochen hat / Ich erfülle Himmel vnd Erden. Der Himmel ist mein Stuel / vnd die Erde mein Fußbanck. Ich wil in jhnen wohnen / vnnd in jhnen wandelen. Er ist nicht ferne von einem jeglichen vnder vns / dann in jhm leben / wrben vnnd sind wir? Was weren solche Fragen anders / dann das vnbegreiffliche wesen GOttes / wollen begreifflich machen? Derhalben läßt jhm ein Christlich Hertz genügen an Gottes wort / auß welchem es lehrnet / daß GOtt von Ewigkeit zu Ewigkeit also inn jhm selbest ist vnnd bleibet / wie er sich hat offenbaret / vnnd fraget nicht wie diß oder jenes zugehe / oder sein könne / das vns Gott zuwissen vnd zuforschen nicht befolhen / noch in seinem wort zulehrnen fürgelegt hat. Die aber in diesem ziel nicht bleiben / sondern mehr von Gottes wesen vnd Natur / willen vnd wercken wollen wissen / dann er vns hat offenbaret / den gehet es gemeiniglich / vnd billich also / wie geschrieben stehet / Wer schwer ding forschet / dem wirdts zuschwer.

Ier. 23. 24.
Ies. 66. 1.
Leuit. 26. 11.
2. Cor. 6. 16.
Actor. 17. 28.

Proue. 15. 27.

Bißher

Bißher haben wir auffs kürtzest vnnd deutlichste/ als wir von diesen hohen vnbegreifflichen dingen / nach vnserm geringen verstand / reden können/ erzelet/ was wir auß Gottes wort vnnd den alten Christlichen Lehrern/ von dem einigen waren Gott in dreyen Personen gelehrnet haben / mit Hertzen glauben/ vnd mit Mund vnnd Hand bekennen/ für Gott vnd seiner Kirchen/ vnd der gantzen Welt/ Gott zu ehren/ vnd dem Teuffel vnd seinen Lügengeistern zu leide / vnd zu entdeckung vnd ableinung seiner vnuerschämten Lügen/ damit er die Warheit zubeschmeissen / vnnd die einfältigen vnnd schwachen Gewissen zubetrüben vnd zuuerwirren sich vnderstehet.

Jetzund wöllen wir zu mehrem vnderricht vnnd versicherung des gemeinen Christlichen Lesers/ von vnserer Lehre vnd Glauben/ auch desselben grund auß Gottes wort anzeigen/ doch nicht alle/ sondern allein etliche fürneme vnnd klare Zeugnuß anziehen / als die wir jetzund nicht wider die Ketzer zustreitten/ sondern allein vnser Bekanntnuß darzuthun/ fürhabens sind. Vnd weil die Zeugnuß des newen Testaments/ von disem vnd andern Artickeln vnsers Christlichen Glaubens/ mehr vnnd kläter sind/ dann im alten Testament / wollen wir dieselben erstlich setzen/ vnnd darnach die gleichstimmung des alten Testaments anhören.

Matth. 28. 19. Der Son Gottes selbst hat befolhen seine gantze Gemeine zutauffen/ Jm Namen des Vatters/ vnd des Sons/ vnd des heiligen Geists. Auff den wir aber getaufft werden/ an den müssen wir auch glauben/ vnd den müssen wir anruffen/ vnd für vnsern Gott erkennen/ Vnnd können ohne verletzung Göttlicher Ehre/ in keines blossen Menschen/ oder Creatur Namen getaufft werden/ wie Paulus gnugsam lehret/

lehret/da er saget/Ist dann Paulus für euch gecreutziget? 1.Cor.1.13.
Oder seit jhr in Pauli Namen getaufft? Ich dancke Gott
daß ich wenig vnder euch getaufft habe/daß nicht jemand
sagen möge/ich hette auff meinen Namen getaufft. Der-
halben Christus allhie sich vnnd den heiligen Geist/als wa-
ren/vnd derhalben auch einigen Gott mit dem ewigen Vat-
ter wil erkannt vnd geehret haben.

 Also setzet er auch diese drey Personen zusammen in
gleicher vnd einiger Gottheit/da er spricht/ Der Tröster der Ioh.14.26.
heilige Geist/welchen mein Vatter senden wirt in meinem
Namen/derselbige wirdts euch alles lehren/vnnd euch erin-
nern alles des/das ich euch gesagt habe. Item/Wañ aber der Ioan.15.
Tröster kommen wird/den ich euch senden werde vom Vat- 26.
ter/der Geist der Warheit/der vom Vatter außgehet/der
wirdt zeugen von mir. Deßgleichen der Apostel Johannes/ 1.Ioan.5.
Drey sind/die da zeugen im Himel/der Vatter/das Wort/ 7.
vnnd der heilig Geist/vnnd diese drey sind mit einander eins.
Vnd der Apostel Paulus/ Gott vnser Heiland machet uns Tit.3.6.
selig/durch das Bad der Widergeburt vnnd ernewerung des
heiligen Geists/welchen er außgegossen hat vber vns reich-
lich/durch Jesum Christum vnsern Heiland. Item/Durch Ephe.2.18.
in habē wir den zugang/in einem Geist/zum Vatter. Item/
Weil jr dann Kinder seit/hat Gott gesandt den Geist seines Gal.4.6.
Sohns in ewere Hertzen/der schreyet/Abba/lieber Vatter.
Item/zugleich ruffet er an/vnd bittet diese drey Personen/ 2.Cor.13.
vmb jre gnade/liebe vnd gemeinschafft den Glaubigen zuge-
ben/da er spricht/Die Gnade vnsers HERREN Jesu
Christi/vnd die Liebe Gottes/vnd die gemeinschafft des hei-
ligen Geistes sey mit euch allen/Amen.

 Diß ist je gewiß/daß den Geist Gottes senden/das ist/

D   durch

durch denselben in den Hertzen der Menschen wircken/niemand kan/dann allein Gott selbst/welches dieser Geist eigen ist/Wie auch eines Menschen Geist vnd Athem/niemand von sich geben/oder dadurch etwas wircken oder bewegẽ kan/dann allein derselbe Mensch/des diser Athem eigen ist. Weil dann der Son Gottes den Geist des Vatters sendet/vnnd durch denselben die Hertzen erleuchtet vnd ernewert/vnd dieser Geist/so wol des Sons Geist/als des Vatters ist/Der Geist aber nicht die Lehre oder erkantnuß Gottes/oder trost oder ernewerung/oder das Gebett/vnnd seufftzen zu Gott/oder das zeugnuß von Gott in den Menschen/Sondern der Lehrer/Tröster/Zeuge selbst ist/der alle erkanntnuß Christi/Ernewerung/vnd Gebett in allen Heiligen vnd Außerwehlten anrichtet vnd wircket/Auch der Son vnd H. Geist eben so wol als der Vatter das Götliche vñ allein vnwidersprechliche zeugnuß vom Hiñel gibt/vnd eben so wol als der Vatter vmb gnad vñ gemeinschafft Gottes gebeten vñ angeruffen werden/So müssen sie je nit allein warer/wesentlicher/lebendiger/weiser/vñ gleicher/sonder auch einiger Gott mit dem Vater sein/Doch also/daß sie drey vnderschiedene Personen seyen vnd bleiben. Dañ weil der Vatter den Son/vnd der Vatter vñ Son den H. Geist senden/in dem sie durch sy wircken/muß je der Son nit der Vatter selbst/noch der H. Geist/der Vatter oder Son sein. Daß der da jemanden sendet/vñ der gesendet wirdt/müssen je vnterschiedene Personen sein. Welches auch auß diesem klar zuuernemen ist/daß der Vater durch den Son/vñ nit von dẽ Son/der Son aber nit durch den Vatter/sonder von dem Vatter/den H. Geist sendet. Darum sie auch von Johañe drey werden geneñet/nemlich/nit drey Götter/sond drey Personẽ/das ist/wesentliche/

leben-

lebendige/verstendige ding/welche der einige ware Gott sind.

Solche gleichheit vnnd einigkeit des Göttlichen wesens/ vnd doch vnterscheid dieser drey Personen/ zeigen auch viel andere ort der Schrifft klärlich an/ in welchen von einer oder zweyen Personen besonders geredt wird.

Im anfang/ spricht Johannes/ war das Wort. Diß Wort/ nennet Johannes nicht die Menschheit/ das ist/ Leib vnnd Seel des Menschen JESu/ von Maria geboren/ auch nicht einen ewigen gedancken/ rede oder fürsatz GOttes nach welchem der Mensch Jesus zu seiner zeit erschaffen/ geboren/ vnnd mit Gaben gezieret sey/ sonder die ander Person der Gottheit/ welche ist der ewige Sohn Gottes. Dann er setzet darzu/ Dasselbe Wort war Gott. Vnd doch nicht der Vatter selbest/ dann es war bey Gott. Wie er auch in seiner ersten Epistel sagt/ daß das Wort des Lebens von anfang bey dem Vatter war. Vnnd in der Offenbarung/ Der ein König aller Könige/ vnnd HERR aller Herren ist/ des Namen heisset/ Gottes Wort. Vnd zwar Johannes selbest erkläret sich/ was er das Wort nennet/ nemlich den ewigen eingebornen Sohn Gottes/ dessen Herrligkeit die Jünger gesehen/ vnd wie diß Wort von anfang bey Gott gewesen/ nemlich/ daß er allzeit in dem schoß/ das ist/ in dem heimlichē Rahte des Vatters/ ist/ vnnd wie er selbst spricht. Der Vatter den Son lieb hat/ vnd jm alle seine Wercke zeiget/ vnd warum er jn das Wort nennet/ nemlich/ daß er von anbegin verkündiget wer Gott sey/ vnd was sein will gegen vns sey/ welches sonst kein Mensch hett können wissen/ vnd/ wie Johannes der Täuffer saget/ daß er zeuget/ was er gesehen vnd gehöret hat. Also erkleret der Euangelist auch selbst/ welche anfang er meine/ an dem das Wort nit erst worden ist/ sonder schon war/

Ioan. 1.

1. Ioan. 1.

Apoc. 19.
13.

Ioan. 5. 20.

Ioan. 3.
32.

D ij   nem-

nemlich/da alle ding erschaffen sind/in dem er spricht/Alle ding sind durch dasselbige gemacht/vnnd ohne dasselbige ist nichts gemacht/was gemacht ist. Vnd dises Wort/welches war das warhafftige Liecht/war in der Welt/vnd die Welt ist durch dasselbige gemacht/vnnd die Welt kannte es nicht. Diese vnd dergleichen ort bezeugen offentlich/daß der Son Gottes nicht erst hab angefangen zusein/da der Mensch Jesus von der Jungfrawen Maria geboren ist/sondern von Ewigkeit gewesen sey. Wie auch S. Paulus spricht/Durch jhn ist alles geschaffen/das im Himmel vnnd auff Erden ist/ das sichtbare vnd vnsichtbare/beyde die Thronen vnd Herrschafften/vnnd Fürstenthume/vnd Oberkeiten/Es ist alles durch jn/vnd zu jm geschaffen/vnd er ist vor allen/vnd es bestehet alles in jhm. Vnd die Epistel an die Hebreer/GOtt hat am letzten in disen tagen mit vns geredt durch den Son/ welchen er gesetzt hat zum Erben vber alles/durch welchen er auch die Welt gemacht hat. Item/Er trägt alle ding mit seinem kräfftigen Wort. Dise Sprüch lehren/daß der Son Gottes ein Erbe vnd HERR ist aller Creaturen/darumb daß er auch ein Erschaffer derselbigen ist/vnnd darumb die Erlösung vnd ernewerung des Menschlichen Geschlechts/ ja Himmels vnd der Erden/durch jn hat geschehen müssen/ dieweil er auch derselbige ist/durch den sie anfänglich sind erschaffen. Dann die Erschaffung vnnd die Ernewerung der verlohrnen Menschen zum ewigen Leben/seind beyde keines andern Werck/dann des ewigen Allmächtigen Gottes. Derhalben auch der Son GOttes/so von Ewigkeit zum Mittler vnd Versöhner der Menschen mit Gott/gesetzet war/diese stücke seines Mittlerampts/daß er den willen Gottes hat geoffenbaret/die Aufferwelten durch den heiligen

Colo.1. 16.

Heb.1.2.

Geist

XXVII.

Geist widergeboren/vnd ihm eine ewige Kirche gesamlet vnd erhalten/ nicht erst da er Menschliche Natur an sich genommen vnd ein opffer für die Sünde worden ist/ sonder von anbegin der Welt angefangen vnd krässtiglich geführet hat/ wie Johannes spricht/ In ihm war das leben/ vnd das leben war Ioh.j.4.
das Liecht der Menschen/ vnd das Liecht scheinet in der Finsternuß/ vñ die Finsternuß habens nicht begriffen/ das ist/ er ist/ der alles leben vnd alle erkantnuß Gottes giebt vnd wircket von anbegin/ nicht allein in etlichen sonder in allen Menschen/ Denn das war das warhafftige Liecht/ welches alle Ioh.j.9.
Menschen erleuchtet die in diese Welt kommen/ doch etliche nur mit dem Liecht der Natur/ etliche auch mit dem Liecht des Euangelij vnd der gnaden. Denn ohne diesen Son Gottes ist kein erkantnuß Gottes weder in Engeln noch in Menschen je gewesen/ wie Johannes der Teuffer von ihm zeuget/ Niemandt hat Gott je gesehen/ Der eingeborne Son/ der ins Ioh.1.18.
Vatters Schoß ist/ der hat es vns verkündiget. Vnd der Herr sagt selbst von sich/ Nicht das jemand den Vatter ha= Ioh.6.46.
be gesehen/ Ohne der vom Vatter ist/ der hat den Vatter gesehen. Item/ Niemand kennet den Son/ denn nur der Vat= Matth.11.
ter/ vnd niemand kennet den Vatter denn nur der Son/ vnd 27.
wem es der Son wil offenbaren. Darauß ist offenbar/ daß entweder die heiligen von anbegin der welt/ Gott nicht müssen erkant haben/ (welches offentlich falsch ist) oder daß dieser Son Gottes allezeit gelebet vñ gewircket/ vnd die Menschen durch das wort vñ den Geist Gottes erleuchtet habe. Deñ er ist der Seligmacher/ der Breutigam/ das Haubt/ der Grund/ der Bawmeister nicht allein eines theils der Kirchen/ welches seid Christi geburt gewesen ist/ sonder der gantzen Kirchen Gottes/ so von anbegin der Welt bis ans ende gesamlet wirt/

D iij wie

XXVIII.

Ioh.14.6. wie er selbest spricht/ Niemand komt zum Vatter/ deñ durch
Ioh.3.5. mich. Item/ Warlich/ Warlich/ ich sage dir/ es sey denn daß
jemand geboren werde auß dem Wasser vnd Geist/ so kan er
Ioh.3.34. nicht in das Reich Gottes kommen.   Nu ist aber der Son
Gottes derselbe/ der mit dem heiligen Geist tauffet. Er hat
alle/ die selig werdē/ von Ewigkeit mit dem Vatter erwelet/
Matt.24. denn die Engel werden samlen von den vier Winden/ seine
31. außerwelten/ das ist/ die er erwelet hat/ wie er selbest spricht/
Ioh.13,18. Ich weiß welche ich erwelet habe. Item/ Ihr habt mich nicht
Ioh.15,16. erwelet/ sonder ich hab euch erwelet/ vnnd euch gesetzt/
daß jhr hingehet vnnd frucht bringet/ vnnd ewer frucht blei-
be.   Er gibt allen vnd jeden außerwelten das Ewige leben/
1.Ioh.5.11. wie Johannes sagt/ Das ist das zeugnuß/ das Gott zeuget
von seinem Son/ daß vns Gott das Ewige leben hat gege-
ben/ vnnd solches leben ist in seinem Sohn/ Wer den Sohn
Gottes hat/ der hat das leben/ wer den Son Gottes nicht
hat/ der hat das leben nicht.   Vnd der Sohn selbest redet
Ioh.17.2. von sich vnd dem Vatter also/ Du hast jhm macht gegeben
vber alles Fleisch/ auff daß er das ewige leben gebe/ allen die
du jm gegeben hast. Vnd der Teuffer sagt von Christo/ Wer
Ioh.3.29. die Braut hat/ der ist der Breutigam. Item S. Paulus. Er
1.Col.18. ist das Haubt des Leibes/ nemlich/ der gemein. Item/ Jesus
Eph.2.20. Christus ist der Eckstein/ auff welchem der gantze baw in ein-
ander gefüget/ wachset zu einē heiligen Tempel in dē HER-
REN/ auff welchem auch jr mit erbawet werdet/ zu einer be-
haussung Gottes im Geist. Nu ist aber gewiß/ daß die gantze
Gemein Gottes von Anbegin der Welt biß ans Ende nur
einen Breutgam/ vnnd ein Haubt/ vnnd einen Grund hat/
2.Cor.11.2 wie Paulus lehret/ da er spricht/ Ich habe euch vertrawet
einem Manne/ daß ich ein reine Jungfraw Christo zubrech-
ff.

ee. Vnd zun Hebreern/Dieser aber ist grösser Ehren werdt Heb.3.3.
denn Moses/nach dem der ein grössere Ehre am Hause hat/
der es bereitet/denn das Hauß/ Denn ein seglich Hauß wird
von iemanden bereitet/der aber alles bereitet/das ist Gott/vñ
Moses zwar/ war trew in seinem gantzen Hause/ als ein
Knecht/Zum zeugnuß des/das gesagt solte werden/CHRi-
stus aber als ein Sohn vber sein Hauß/ welches Hauß sind
wir. Allda lehret der Apostel außdrücklich/daß dieser Son
GOttes/ Gott sey/der alles bereitet/vnnd das gantze Hauß
Gottes/ welches ist die gantze Kirch Gottes/von anbegin ge-
bawet hat/vnd auch Mosen zu einem Stein an diesem Hau
se gemacht hat/ vnnd derhalben Moses zu ehren sey/ als das
Hauß GOttes) Christus aber als der Bawmeister dieses
Hauses. Darum er auch hernach spricht/ Jesus Christus/ Hebr.13.
Gestern vnd Heut/vnd derselbig auch in ewigkeit. Vnd der
Apostel Petrus lehret außdrücklich/ daß der Son GOttes
nach seinem Geist/ das ist/ nach seiner Gottheit von anfang
der Welt sey zu dem Menschlichen Geschlecht gesendet/ das
Predigamt eingesetzt/vnd durch die Ertzuätter vnd Prophe-
ten der Welt geprediget habe/ da er spricht/ Er ist getödtet 1.Pet.3.
nach dem Fleisch/ aber lebendig gemacht nach dem Geist/
(das ist/ seiner Gottheit/ die nicht starb/ sonder jhn lebendig
machte)nach welchem er auch hingangen ist/ vnd hat gepre-
diget den Geistern die im gefengnuß sind/vnd vor zeiten nicht
gehorchten/ da eins mals die langmütigkeit GOTTES
harrete/ zun zeiten Noe/ da die Arche ward zugerüstet. Denn
er hat durch Noe vnd alle Vätter vil Propheten geprediget/
zu jhren zeiten / auch denselbigen/ die jhm zur selben zeit nicht
glaubeten/ vnnd derwegen jetzund im gefengnuß der ewigen
verdamnuß sind/ wie auch Petrus selbest zuuor bezeuget/ daß
der

der Geist Christi/ das ist/ der Geist den er gibt vnd zur selben zeit gab/in den Propheten war/ vnnd deutete auff die zeit der zukunfft Christi/vnd zuuor bezeugete das leiden vnd herrligkeit Christi.

1.Pet.1.11.

Es zeugen aber auch andere ort der Schrifft/ daß der Son Gottes von ewigkeit sey gewesen. Zun Hebreern/wird Melchizedeck dem Son Gottes verglichen in diesem/ daß er in der Schrifft eingefüret wirdt/ohne Vatter/ohne Mutter/ohne Geschlechte/vnnd hat weder anfang der Tage/ noch ende des lebens. Damit angezeiget wirdt/was von Melchizedeck bedeutnuß vnd gleichnuß weise gesagt ist/das solle von dem Son Gottes in der that vnd warheit verstanden werdē/ Nemlich/ daß er nicht allein kein ende/ sonder auch kein anfang seines lebens habe/ welches je von einem blossen Menschen oder blossen Creatur/ sie sey so hoch vnd herrlich gezieret/ als sie wolle/ nicht kan verstanden werden. Vnnd in der Offenbarung Johannis redt er selbst also von sich/ Jch bin der Anfang vnd das Ende/der Erste vnd der Letzte/ vnnd der Lebendige. Vnd S. Paulus spricht/ daß Christus/ da er in Göttlicher gestalt war/dennoch die gleichheit mit GOTT nicht für einen raub hielt/ sonder eusserte sich selbest/ vnd nam Knechts gestalt an sich. Göttliche gestalt nennet Paulus nicht Göttliche eigenschafften der Menschlichen Natur in Christo/ sonder ware Göttliche art/Natur vñ wesen/Gleich wie er auch Knechts gestalt nennet ware Menschliche Natur vñ wesen mit allen jhren eigenschafften/ vnd von Christo angenomenen schwachheiten/ wie er auch anderswo sagt/ Daß er vmb vnsern willen Arm sey worden/da er doch Reich war.

Hebr.7.3.

Apoc.1.8.
11.17.
Philip.2 6

2.Cor.8.9.

Nicht allein aber die Ewigkeit/ sonder auch alle andere Göttliche eigenschafften vnnd herrligkeiten/ werden in der Schrifft

XXXI.

Schrifft manigfaltig dem Sohn GOttes zugeschrieben/ Auß welchen wider alle verfelschungen der Ketzer/ gründlich verstanden vnnd erhalten wird/in was meinung vnd verstand/ der Son Gottes in der Schrifft wird Gott genennet/ Nemlich/nicht darumb daß er ein vergötteter/ mit Göttlichen eigenschafften/ wirckungen/ vnd Ehren gezierter Mensch sey/ Sonder darumb daß er warer/ wesentlicher vñ ewiger Gott mit seinem Vatter ist. Denn er ist zugleich allenthalben gegenwertig/in Himmel vnnd auff Erden/ wie er selbest von sich zeuget/ Des Menschen Sohn der im Himmel ist. Item/ Wer mich liebet/zu dem werden ich vñ mein Vatter komen/ vnd wonung bey im machen. Item/Ich bin bey euch alle tage/bis ans end der Welt. Diß ist keiner Creatur möglich/sonder allein dē einigen/vnbegreifflichen/vnendlichē/ Göttlichē wesen. Er ist Allmächtig/ so wol als der Vatter/ Denn der Vatter hat alles in des Sons hand gegeben/drum kan er jm alle ding vnterthenig machen. Er ist der Hertzkündiger/welcher allein der einige ware Gott ist/denn er kent sie alle/vñ bedarff nicht/ daß jemand zeugnuß gebe von einem Menschen/ deñ er weiß wol/was im Menschen ist. Darum wircket auch der Vatter nicht allein etliche/ sonder alle seine Göttliche werck von anbegin/durch jn/vñ er wircket alle Göttliche wercke mit dem Vatter/auß gleicher krafft vnd Allmächtigkeit/ wie er selbest lehret/daß der Vatter biß anher wircke/vnd der Son auch wircke: daß der Son gleicher weiß thüe/alles was der Vatter thut/vnd der Vatter dem Son alles zeige/das er thut/ vnd wie der Vatter die todten aufferwecket/ vñ machet sie lebendig/ Also auch der Sohn mache lebendig wē wil/denn wie der Vatter das leben hat in jm selber/ Also ij. er dē Son gegeben/das leben zuhaben in jm selber. Kein Crea-

E   tur

Ioh.3.13.
Ioh.14.23.
Matth.28.
20.

Ioh 3.35.
Phili.3.21.

Ioh.2.25.

Ioh.5.17.
19.20.21.
26.

XXXII.

nur kan alles wircken was Gott wircket/viel weniger solches thun mit gleicher krafft vnd gewalt. Alle Creaturen haben jr leben von Gott vnd in Gott/aber Gott allein hat das leben in jhm selbst/vnd ist sein leben selbest/vnd kan derwegen er allein andern das leben geben. Darumb er auch auß eigener gewalt vnd macht/samt dem Vatter die Sünde vergiebt/das ewig leben schenckt/mit dem ewigen Tod strafft/vnd wunderthaten vbet. Denn auß Christo gehet auß/das ist/erzeiget sich die Göttliche krafft vnd wirckung/dadurch die Miracul geschehe/Auß den Aposteln vnd andern heiligen gehet diese krafft nicht/Sonder die wunderwerck die sie thetē/geschahen allein durch die krafft vnd wirckung Christi/die er auff jhre bitt zu erzeigen/jhnen hatte verheissen. Darumb lehrt vns auch die Schrifft alle Göttliche ehre dem Son thun/so wol als dem Vatter/an jn glaubē/jn anruffen zu allen zeiten vñ orten/vñ in allen nöten/vnd von jm erhörung vnd gewerung erwarten aller wolthaten die wir von jm/vnd von dem Vatter durch jn bittē/vñ/in summa/spricht der Herr selbest/dz der Vatter alles gericht habe dē Son gegebē/auff dz sie alle den Son ehrē/wie sie dē Vatter ehren/vñ wer den Son nicht ehret/(nēlich also wie den Vatter) der ehret dē Vatter nicht/der jn gesand hat.

Auß diesen vñ dergleichen vielē zeugnussen/ist offenbar/ wider alle glossen vnd verfelschungen/die von Menschen vnd vom Sathan je erdacht sind/oder erdacht mögen werdē/wie der Son Gottes wird Gott genennt/ja der ware Gott/der grosse GOTT/der aller höheste/für welchem Johannes der Tauffer her gehen solte/der Gott der vber alles zuloben ist in ewigkeit/nemlich/nicht nur als ein vergötteter Mensch/oder als ein gesandter Gottes/dem ein hohes vnd Göttliches ampt sey aufferlegt/Sonder als der ewige/wesendliche/ware

Gott

Matt.9.6.
Ioh.10.28.
Apoc.1.18
Luc.6.19.
Luc.8.46.

Act.3.12.

Ioh.14.1.
Luc.24.52
Act.7.59.
&9.14.21.
1.Cor.1.2.
Ioh.13.13.
14.
Ioh.5.22.
23.

1.Ioh.5.
Act.20.28
1.Tim.3.
16.
1.Ioh.5.20
Tit.2.13.
Luc.1.76.
Rom.9.5.

XXXIII.

Gott selbest/ welchem allein diese eigenschafften/ werck vnnd Ehren zustehen/ welche die Schrifft dz Son Gottes zuschreibet. Solches bezeugen auch vnwidersprechlich die orte der Schrifft/ die da lehren/ dz dieser Son Gottes als er auff Erden mensch ist worden/ vom Himmel komen sey/ nicht also wie auch alle gute gaben vns võ Himmel/ das ist/ von Gott gegebē werdē/ sonder also/ daß er wesentlich vñ warhafftig zuuor im Himmel gewesen ist/ ehe denn er auff erden Mensch worden/ vnd dennoch allezeit im Himmel blieben ist/ das ist/ nicht leiblicher oder reumlicher oder begreifflicher weise vom Himmel gestiegen sey/ daß er den Himmel hette verlassen/ wie ein Engel der mit seinem wesen nicht zugleich droben im Himmel vnd herniden auff Erden ist/ Sonder also/ daß er durch annemung der sichtbaren Menschheit/ sich auff newe vñ besondere weise auff Erden hat lassen sehen vnnd geoffenbart/ wie es Paulus erkläret/ Gott ist offenbaret im Fleisch. Daher auch der Tauffer von jm also sagt/ Der von obē herab komt/ ist vber alle/ Wer von der Erden ist/ der ist von der Erden/ vnd redet von der Erden/ der vom Himmel komt der ist vber alle/ vñ zeuget was er gesehen vñ gehöret hat. Vnd Paulus sagt/ Der ander Mensch/ nemlich Christus/ ist der HERR vom Himmel/ das ist/ nicht ein Mensch der nur auff Erden geboren vnd von der erden in Himmel komen/ vnd HERR im Himmel worden were/ sonder ein solcher/ der auß dem Himmel auff die Erde komen/ vnd zuuor HERR im Himmel gewesen ist/ ehe denn er auff Erden kam. Eben daher nennet auch Paulus die Menschwerdung vnnd ankunfft Christi in diese Welt/ ein erscheinung/ wie auch Johannes/ da er spricht/ Er ist erschienen/ daß er vnsere Sünde wegneme/ Jtem/ Darzu ist erschienen der Sohn GOTTES/ daß er die werck des

Ioh. 6. 38.
62.
Ioh. 3. 16

1. Tim. 3. 16.
Ioh. 3. 31. 32.

1. Cor. 47.

1. Tim. 3. 16
1. Ioh. 3. 5. 8

E ij Teuffels

XXXIIII.

Teuffels zustöre. Denn so er ist erschienen/vnd offenbaret im Fleisch/wie Paulus sagt/da er in die Welt kommen/vnnd in Mutter Leib empfangen vnd Mensch worden ist/ So wirdt je verstanden/daß er zuuor gewesen ist/aber nicht sichtbar/ wie hernach/da er das sichtbar Fleisch an sich genommen.

1 Tim.3. 16.

Diese Zeugnusse Göttliches Worts von der Ewigen Gottheit Christi/sind viel stercker vnd klärer/denn daß sie sich durch irgend eine Sophisterey vnd Boßhafftige/vnuerschämte glosse vnnd verkerung der Ketzer liessen verstreichen/oder verdunckeln. Lehrnen derhalben wir darauß/daß ein Göttliche/mit Gott dem Vatter gleich ewige Person sey/welche in der Schrifft wird der Son Gottes genent/ nicht allein darumb/daß sie zu bestimter zeit solte Menschliche Natur an sich nemen/vnnd durch wirckung des heiligen Geists/auß der Jungfrawen Maria geboren werden/ Sonder fürnemlich darumb/daß sie von Ewigkeit ist geboren/das ist/ihr Göttlichs wesen von dem Vatter gehabt hat/wie er selbest spricht/ Der vom Vatter ist/der hat den Vatter gesehen/ Mit welchen Worten er je nichts anders meinet/denn das er anderswo sagt/ Niemand kennt den Vatter denn nur der Son/ Damit er außdrücklich lehret/ daß er nach seiner Gottheit darum Sohn sey vnnd heisse/ daß er vom Vatter ist/vnnd der Vatter ihm hat gegeben das leben in ihm selbest zuhaben/ nicht wie es die Creaturen von Gott haben/ Sonder also wie es der Vatter in ihm selbest hat. Der Vatter aber hat also das leben in ihm selbest/ daß sein wesen selbest sein leben ist/ vnnd derhalben von keinem andern/sonder von jm selbest lebet/vnd allen andern lebendigen dingen ihr leben gibt/ doch also/daß ihm das von sich selbst lebende vnd wesentliche Leben/von keinem andern

Ioh.6.46.

Matth.11. 27.

Ioh.5.25.

bern gegeben oder mitgetheilet ist/ Dem Sohn aber ist es
vom Vatter/vnd dem heiligen Geist vom Vatter vnd vom
Son gegeben vnd mitgetheilet.   Darumb auch Johannes
eben daſſelbige Wort/welches Gott iſt/ vnd von anfang bey
dem Vatter geweſen/ vnd durch welches alles erſchaffen iſt/
den eingebornen Son vom Vatter nennet. Vnd er ſelbeſt Ioan.1.14.
ſagt/ er ſey der eingeborne Son Gottes/welchen der Vatter Ioan.3.
hab in die Welt geſandt.   Damit er zuuerſtehen gibt/daß er 16.17.
ſchon zuuor der eingeborne Sohn/ vnnd vom Vatter war/
ehe dann er in die Welt kommen iſt / vnd darum der Einge-
borne heiſſet/ daß er nach ſeiner Göttlichen Natur Gottes
Son iſt/nach welcher er keinen Bruder hat/ vnd allein auß
dem weſen des Vatters geboren iſt/ Da die andern Söhne
vnnd Kinder Gottes/Engel vnnd Menſchen/alle erſchaffen
vnnd durch den heiligen Geiſt/ Gott gleichförmig gemacht
ſind.   Daher nennt jhn auch Paulus Gottes eignen Son/ Rom.8.32
auff daß er jn vnterſcheide von allen erſchaffenen/ vnnd auß
Gnaden gemachten vnd angenommenen Kindern Gottes/
welche nicht eigene/das iſt/nicht auß dem weſen des Vatters
geborne Söhne ſind/ wie dieſer iſt/welcher allein ein ſolcher
Son des allerhöchſten Gottes iſt/daß er auch der allerhöch- Luc.1.76.
ſte Gott iſt/als der glantz der Herrligkeit des Vatters/Vnd Heb.1.3.
wie die Bekanntnuß des Glaubens im Niceniſchen Conci-
lio lautet/ das Liecht von dem Liecht/ warer Gott von dem
waren Gott.

  Ob aber wol die drey Perſonen der Gottheit/kläret
offenbaret vnnd genennt ſind im newen Teſtament/ So iſt
doch auch im alten Teſtament weißgeſagt/ daß der Sohn
Gottes ſolte Mittler werden zwiſchen Gott vnd den Men-
ſchen/ vnnd derſelbige Mittler ſolte warer Gott vnnd warer
     E iij   Menſch/

Mensch sein/ Vnd alle Außerwehlten durch seinen heiligen Geist zum ewigen Leben ernewern. Diß zeigt vns die Euangelisten vnnd Apostel deutlich genug/ in dem sie nicht wenig Zeugnuß des alten Testaments/ die allein reden von dem HERREN/ das ist/ von dem ewigen waren Gott/ der sich Jehoua genennt hat/ das ist/ ein ewiges/ vnwandelbares wesen/ das von sich selbest ist vnnd bestehet/ vnnd allen andern jr wesen gibt vnd erhelt/ außdrücklich auff Christum ziehen.

1.Cor.10.9
Num.14.
22. & 21.5.
Paulus sagt Christus sey der HERR/ der das Jüdisch Volck auß Egypten/ durch die Wüsten/ inns verheissene Land geführet/ vnd von jhnen versucht worden/ vnnd sie

Exod.3.&
4.&13.&
14.&32.&
33.
mit hitzigen Schlangen geschlagen hat. Welches auch Moses selbst lehret/ in dem er denselben/ der mit jm geredt/ vñ das Volck geführt hat/ den Engel des HERrn/ vnd den HERren selbst nennet/ Nemlich/ den Sohn/ vom Vatter gesand/ vnd zum Mittler verordnet von anbegin/ wie er selbst spricht/

Ioh.8.58.
Ephe.4.8.
Psal.68.
19.
Warlich/ warlich/ sage ich euch/ ehe dañ Abrahã war/ bin ich.

Item/ Christus sey Gott der HERR/ von dem der Psalm sagt/ Er sey auffgefaren in die höhe/ vñ das Gefängnuß gefangen geführet/ vnd den Menschen gaben gegeben/ Dann von dem Reiche Christi redt daselbst Dauid.

Heb.1.6.
Psal.97.7
Auß dem 97.Psalm zeucht der Apostel zun Hebreern an/ von Christo vnnd seinem Reich/ Es sollen jhn alle Engel Gottes anbetten.

Psal.102.
26.
Item/ im 102.Psalm/ wie der Text gibt/ der von der zukunfft Christi redet/ der Zion wider auffbawen/ vnd in seiner Herrligkeit erscheinen werde/ vnd dem alle Völcker vnd Königreich dienen sollen/ vnnd wie der Apostel an die Hebreer

Hebr.1.10.
zeuget/ stehet von dem Sohn Gottes/ der solches thun solte/ also/ Vnnd du HERR hast von anfang die Erde gegründet/

def/vnd die Himmel sind deiner Hände Wercke/dieselbigen werden vergehen/du aber wirst bleiben/vnnd sie werden alle verwelcken wie ein Kleid/vnnd wie ein Gewand wirst du sie wandlen/vnd sie werden sich verwandeln. Du aber bist eben derselbige/vnd deine Jar werden nicht auffhören.

Isaias spricht/er habe den HERRN sehen sitzen in seiner Herrligkeit/vnd derselbe hab jm die verstockung vñ blindheit des Volcks zuuor gesagt. Johañes aber spricht/der Prophet hab diß gesagt/da er die herrligkeit Christi sahe/vnd von jm redte. Dann der Son wirt darum genent/das Wort/das Gott allzeit durch jn geredt vnd sein wort geführt hat/Diser Redner sendet auch daselbst den Prophet Jesaiam/vñ sagt jhm/wie das Volck sich gegen seiner Predigt halten werde/damit anzuzeigen/wie es ein mal jhm selbst ergehen werde/wann er in eigner Person wirde predigen/welcher Jesaias vnd alle Propheten ein Vorbild waren. Ies.6.9.
Ioh.4.28.

Daß Johannes der Täuffer solt ein Prophet vnd Vorlauffer Christi sein/beweisen die Euangelisten auß Jesaia vnd Malachia/welche sagt/Er soll für Gott dem HERren selbst hergehen/vnd demselben den Weg bereiten/darauß offenbar/daß Christus dieser HERR vnd Gott Israels selbst sey/zu welchem Johannes das Volck solte bekeren/wie der Engel Gabriel/vnd Zacharias der Vatter Johannis/außdrücklich diß erklären/da sie Christum/des Vorgänger vnd Prophet Johannes sein solte/den HERREN/den Gott Israels/vnd den Allerhöchsten nennen.
Matt.3.3.
Marc.1.3.
Luc.3.4.
Ioh.1.23.
Iesa.40.3.
Mala.3.1.
Luci.6.
& 20.

Daß wir alle für den Richterstuel Christi sollen dargestellet werde/beweiset Paulus auß dem Spruch Jesaia/So war ich lebe spricht der HERR/es sollen sich für mir biegen alle Knie/vnd alle Zungen sollen Gott preisen. Daß diß wirt
Rom.14.10.
Ies.45.23.

als

als dann erſt vollkömmlich erfüllet werden / wann Chriſtus die Lebendigen vnnd die Todten richten wird. Lehret derhalben Jeſaias/daß dieſer Richter Gott der HERR ſelbſt ſein werde.

Zach.11.13 Im Propheten Zacharias ſagt Gott der HERR/ Er ſelbſt ſey für dreyſſig Silberlinge geſchätzt worden von dem
Matth.27. Jüdiſchen Volck/Mattheus aber zeuget/der Prophet weiſſage daſelbſt fürnemlich von Chriſto. Folget/ daß er daſelbſt Chriſtum den ewigen waren Gott nennet.

Zach.12. 20. Item/hernach ſagt Gott der HErr ſelbſt/ Sie werden ſehen mich/den ſie durchſtochen haben. Diß ſpricht Johannes/iſt in Chriſto am Creutz erfüllet/der ſolches von ſich ſelbeſt durch den Propheten weiſſaget.
Ioan.19. 37.

Ieſ.7.14. Es ſind aber auch mehr ſolche zeugnuß/ Als/ Jeſaias nennet jn Immanuel/das iſt/ Gott mit vns/Nicht darumb daß jn Gott als einen Diener brauchen werd zu vnſer Erlöſung/ Sonder daß er ſelbſt ſein Volck mit eigner Krafft vnd Macht / zur ſelben vnd zu allen zeiten erretten vnd erhalten/ vnnd derhalben ſelbſt Gott mit vnd vnter vns/das iſt/ warer Gott vnd Menſch ſein ſolle.

Ieſ.9.6. Item / da er von Chriſto vnd ſeinem ewigen Reich redet/ſpricht er / Er ſoll heiſſen / Wunderbar/ Raht/ ſtarcker Gott/ Ewig Vater/ Friedfürſt. Vnd leidet der Text nicht die Jüdiſche Gloſſe/daß der ſtarcke Gott/der da wunderbar/ Raht/ vnd ewig Vatter iſt / Chriſtum nennen werde einen Friedfürſten. Dann weiler ein ſolcher Friedfürſt ſein ſoll/ der einen Himliſchen vnd ewigen Friden vns gebe/ So muß er auch der Wunderbare/Raht/ſtarcke Gott/vnnd Vatter des ewigen Lebens ſein. Sonſt köndte er ſolchen Fried nicht geben.

Jeremias

XXXIX.

Jeremias spricht/Das wird sein Name sein/damit man　Ier. 23. 6.
jn nennen werde/HERR vnser Gerechtigkeit/das ist/vnser Gerechtmacher. Welches auch der Juden vnd jres gleichen Glossen hinweg stösset. Dann wie er vns gerecht machet/oder vnser Gerechtigkeit ist/ also ist er auch der HERr. Er macht vns aber gerecht/nicht nur als ein Diener/oder Gesandter Gottes/sonder vergibt vns auch selbst die Sünde/schenckt vns den heiligen Geist/ ewige Gerechtigkeit vnd Leben/auß eigener macht vnnd wirckung/welches niemand thut noch thun kan/dañ der HERR/das ist der ewige ware Gott selbst.

Zacharias/ da er redet von der zukunfft Christi/führet　Zach. 2.
er/wie auch an andern orten/Christum selbst ein/welcher also　10.
spricht von sich selbst/Frewe dich/vnd sey frölich du Tochter Zion/dann sihe/ich kome/vnd wil bey dir wohnen/spricht der HERR/vnd sollen zu der zeit vil Heiden zu dem HErren gethan werden/vnd sollen mein Volck sein/Vnd ich wil bey dir wohnen/daß du solt erfahren/daß mich der HERR Zebaoth zu dir gesand hat.

Der HERR/so vom HERRN gesand wird/ist der Son vom Vater gesand. Dieser ist kommen/vnd hat vnter dem Jüdischen Volck gewohnet/ vnd zu jhm haben sich viel Heiden gethan/vñ sind sein Volck worden/darauß die Außerwehlten erfahren/daß jn der Vatter gesand hat/ zu beyden zeiten/da er solches durch die Propheten geredt/vnnd da er es in seiner zukunfft im Fleisch erfüllet hat.

Im Malachia redt der Son also von sich selbst/ Si-　Mal. 3. 1.
he ich wil meinen Engel senden (nemlich/ Johannem den Täuffer) der für mir her den Weg bereiten soll/ vnnd bald wirdt kommen zu seinem Tempel der HERR/den jhr su-

F　　　　　　　　chet/

chet/vnnd der Engel des Bunds/des jhr begeret. Eben einer ist es/der Johannem den Täuffer verheissen vnnd gesendet hat/vnnd für dem er hergangen ist/dem er den Weg bereitet hat/Vnnd der ein HERR des Tempels zu Jerusalem ist/welcher allein dem einigen waren Gott gebawet war/der der Engel des Bunds ist/das ist/von anfang vom Vatter geordnet vnd gesand/zum Mittler vnd Versöhner zwischen Gott vnnd den Menschen. Darumb er auch ferner von jm sagt/Sihe/er kompt/spricht der HERR Zebaoth. Wer wirdt aber den tag seiner Zukunfft erleiden mögen? Vnd wer wirdt bestehen/wann er wirdt erscheinen? Dann er ist wie das Fewer eines Goldschmids/vnnd wie die Seiffe der Wäscher. Er wirdt sitzen vnd schmeltzen/vnd das Silber reinigen. Er wirdt die Kinder Leui reinigen wie Gold vnnd Silber. Eben diß saget mit andern worten von jhm/ Johannes der Täuffer/Der nach mir kompt/ist stärcker dann ich/dem ich auch nicht gnugsam bin/seine Schuch zu tragen/Der wirdt euch mit dem heiligen Geist vnd mit Fewer täuffen. Vnd er hat die Wurffschauffel in seiner Hand/ Er wirdt seine Thenne fegen/vnnd den Weitzen inn seine Schewren samlen/Aber die Sprewer wirdt er verbrennen mit ewigem Fewer. Das ist/Er wirdt seine Ausserwehlten mit seinem heiligen Geist/reinigen/erneweren/vnd ewig selig machen/Vnd die Gottlosen in die Ewige straffe werffen/ Welches alles allein dem einigen waren Gott zu stehet.

Matt.3.lit.

Psal.45. 7.

Der fünff vnnd viertzigste Psalm redt also von jhm/ Gott/dein Stuel bleibet jmmer vnnd ewig/das Scepter deines Reichs ist ein gerades Scepter. Vnd zu der Braut/ das ist/der gantzen Gemein GOTTES/spricht er/Er ist

ist dein HERR/ vnd solt jhn anbetten. Weil er ein Königes gantzen vnd ewigen Himlischen Reichs/ ein vrsprung aller Gerechtigkeit/ der einig Bräutigam seiner Kirchen ist/ Den die gantze Kirche soll anbetten/ So wil je der Psalm/ in dem er jhn Gott nennet/ nicht einen erschaffenen vnnd gemachten GOTT/ Sonder den ewigen waren Gott verstanden haben.

Im hundert vnd zehenden Psalm/ redt David von seinem Sohn CHRIsto also/ Der HERR sprach zu meinem HERREN/ setze dich zu meiner Rechten/ ꝛc. du bist ein Priester ewiglich/ nach der weise Melchizedeck. Dieweil jhn David für seinen HERREN/ ewigen König vnnd Priester erkennt/ schleust CHRIstus selbst/ vnnd der Apostel an die Hebreer/ daß er mehr sein müsse dann Davids Sohn/ Nemlich auch ewiger warer GOTT. Dann sonst köndte er nicht schon zur selbigen zeit Davids vnnd aller Gläubigen HERR vnnd Seligmacher gewesen sein/ da er im Fleisch noch nicht kommen war/ köndte auch nicht zur Rechten des Vatters sitzen/ das ist/ in des Vatters Namen alles regieren vnnd erhalten im Himmel vnd auff Erden/ Auch nicht das ewige/ Himlische Königreich vnd Priesterthumb verwalten/ als daß keinem Engel noch einiger Creaturen gebüret noch müglich ist. Were auch nicht ein Priester nach der weise Melchizedeck ohn anfang vnnd ende seines Lebens.

Psal. 110. 1.

Matth. 22. 15.

Heb. 7.

Heb. 1. 13.

Auch redet Salomon in Sprüchen/ klärlich von der Weißheit GOttes/ die von Ewigkeit in GOtt gewesen/ vnd doch von jhm vnterschieden ist/ durch die GOtt alles erschaffen/ vnnd sich den Menschen geoffenbaret hat/

F ij da er

Prou.8.22. da er diſe Weißheit einführet alſo redende/ Der HERr hat mich gehabt im anfang ſeiner wege/ſchon zuuor ehe dann er etwas machte. Ich bin eingeſetzt von Ewigkeit/von anfang/ vor der Erden. Ehe dann die Tieffen waren/da war ich geboren/ Ehe dann die Berg eingeſenckt waren/ vor den Hügeln/war ich geboren. Da er die Himmel bereitet/ war ich daſelbſt/ da er den grundt der Erden legte/ da war ich bey jm der Werckmeiſter/ vnd war ſeine luſt täglich/ vnd ſpiele für jm alle zeit. Ich ſpiele auff ſeinem Erdbodem/vnd iſt meine luſt vnter den Menſchen Kindern.

Diß Zeugnuß Salomonis ſtimt gantz vberein/ mit den worten Johannis des Euangeliſten. Dann die Perſon/ welche Johannes das eingeborne Wort des Vatters nennet/das von anbegin bey Gott/vnd in dem Schoß des Vaters geweſen/ die nennet Salomon die Weißheit/ ſo von ewigkeit von Gott geboren iſt/ vnd bey jhm geweſen/vnd an welcher Gott ſeine luſt hat/vnd heiſſet darum die Weißheit/ daß Gott durch dieſen Son ſeine Weißheit mit wercken vnd worten offenbaret/ weil durch dieſes weſentliche Wort vnd Weißheit alles erſchaffen iſt/ vnnd noch dardurch erhalten vnd regiert/vnd auß dem Menſchlichen Geſchlecht ein ewige Kirche Gottes von anbegin geſamlet wird.

Dergleichen außdrückliche Zeugnuß haben wir auch vom heiligen Geiſt/ Als fürnemlich/ daß er inn leiblicher/ Matt.3.16. ſichtbarer geſtalt erſchienen iſt/ in geſtalt der Tauben/ im Ioh.1.32. Tauff Chriſti/vom Himmel gefahren/ vnnd auff Chriſto 33. Actor.2.3. geblieben/in geſtalt der fewrigen Zungen ſich auff die Jünger geſetzt/ welches von keinem gedancken oder bewegung inn dem Gemüt oder Hertzen der Menſchen/ kan geſaget noch verſtanden werden/ Sonder von einem weſentlichen/
leben

lebendigen dinge/welches diese sichtbare gestalt angenomen/ getragen/beweget vnnd regieret hat/seine gegenwertigkeit vnnd wirckung damit zubezeugen/ Als wenn die Engel oder Geister in Leiblicher angenomener gestalt sich erzeigen. Darumb auch die Schrifft nicht sagt/die Taube/ oder das fewer/ sonder der heilig Geist sey vom Himmel gefahren/ hab sich auff Christum vñ die Jünger gesetzt/anzuzeigen/daß der heilig Geist warhafftig vnnd wesendtlich allda gegenwertig sey gewesen/ nicht allein wie er sonst allenthalben gegenwertig ist / Sonder auff ein besondere weisse / zu einer besonderen wirckung/die er nicht in allen/sonder in denen gewircket/vber welchen er also erschienen ist / vnd daß er selbest solche gestalt angenomen habe/wiewol nicht Persönlich vñ vnzertrenlich/ wie der Son GOttes die Menschliche Natur an sich genomen hat. Denn diese sichtbare ding/wie auch in erscheinung der erschaffenen Geister / nur ein zeichen der gegenwertigkeit sind/Aber nicht ein theil der Person werden/wie die Menschheit in Christo.

 Daß aber dieser Geist / nicht allein ein wesendlichs/ lebendigs verstendiges ding/ welches (wie obgemeldet) man pflegt ein Person zunennen/ Sonder auch der lebendige/ware/Ewige Gott selbest sey/lehret die Schrifft ferner/da sie jn nicht allein Gott nennet/sonder auch also beschreibet mit seinen eigenschafften vnnd wirckungen/daß er kein ander/denn der Ewige ware GOtt/sein kan/so wol als der Vatter vnnd der Son. In Geschichten der Aposteln/ spricht Petrus/daß Ananias / als er dem heiligen Geist gelogen hatte / nicht den Menschen/ sonder Gotte/ (denn er zuuor den heiligen Geist genennt/ der in den Aposteln wohnete) gelogen habe. Vnd Paulus/daß wir GOttes Tempel seind/ Darumb daß der

Act.5.3.4.

1.Cor.3.16

Geist

Geist GOttes in vns wohnet. Item/ Daß vnser Leib ein
Tempel des heiligen Geistes ist/ der in vns ist/ welchen wir
haben von Gott/ vnd sind nicht vnser selbest. Weil wir aber
keins andern/ denn des lebendigen Gottes Tempel sein sollen/
vnd dennoch des heiligen Geistes Tempel seind/ So muß
je dieser Geist Gottes/ der ware Gott selbest sein. Ja weil
er in allen vnd jeden glaubigen wohnet/ auch GOTT nirgend
ohne seinen Geist sein kan/ So ist er eines vnendlichen
vnbegreifflichen/ an allen orten zugleich gegenwertigen vnd
ewigen wesens/ Welches alles allein dem Ewigen waren
GOTTE zustehet. Die gaben des Geistes so in Paulo
sind/ die sind nicht in Petro/ ob wol dergleichen in jm sind/
Aber eben derselbe Geist Gottes der in Paulo ist/ der ist auch
in Petro/ wie der Apostel außdrücklich spricht/ Es sind mancherley
gaben/ aber es ist ein Geist/ vnnd es sind mancherley
Emter/ aber es ist ein Herr/ vnd es sind mancherley krefften/
aber es ist ein GOTT/ der da wircket alles in allem. In einem
jeglichen erzeigen sich die gaben des Geistes/ zum gemeinen
nutz. Vnnd nachdem er viel gaben erzelet/ vnnd dieselben
alle einem Geiste zuschreibet/ schleust er/ vnd spricht/
Diß alles wircket derselbige einige Geist/ vnnd theilet einem
jeglichen seines zu/ nach dem er wil. Allhie vnterscheidet der
Apostel klärlich den Geist von den gaben/ als den vrsprung
vnnd vrsacher derselben/ vnnd schreibt jhm zu/ Göttliche
weißheit/ gewalt/ krafft/ vnnd wirckung. Deßgleichen
thut auch CHristus selbst/ Da er jhn nicht den trost/ sonder
den Tröster nennet/ der ewiglich bey vnd in den glaubigen
bleiben solle/ der vns in alle warheit leitet/ der nicht von
jhm selbst redt/ sonder was er höret vnnd vom Vatter
vnnd vom Sohne nimpt/ der zukünfftige ding verkündiges.
Vnd

*1. Cor. 6.
19.
2 Cor. 6.
16.*

1. Cor. 12. 4

*Joh. 14. 16.
Item. 15.
26.
Item. 16.
13. 14.*

XLV.

Vñ Paulus redet gantz klar/ da er spricht/ Der Geist erfor- 1.Cor.2. schet alle ding/auch die tieffe der Gottheit/vñ niemand weiß/ 10.11. was in Gott ist/ohne der Geist Gottes/ Mit welchen wortē er offentlich dē heiligen Geiste/Göttliches wesen vnd Gött- liche weißheit zuschreibt. Er ist die krafft des höhesten/ so vber Luc.1. 35 die Jungfraw Maria komen/vnd sie vberschattet/daß sie wi- der die ordnung der Natur den Son Gottes empfangē hat/ wie der Engel Gabriel bezeuget. Er ist/ der spricht Christus/ Matth.12. an welchem sich die/ so seinem Zeugnuß in jhrem gewissen/ 31.32. widersprechen/ vnd jhn lästern/ also versündigen/daß es we- der in dieser noch in jener Welt vergeben wird. Er heist Act.13.2. jhm die Apostel vnnd Prediger aussondern zu dem werck darzu er sie beruffen hat/ vnnd setzet sie zu Auffsehern in der Act.20.28 gemein GOTTES/ dieselbe zuweiden. Er ist/ der Matth.10 durch die Apostel redet/ Vnd durch die predigt des Euange- 2.0 lij krefftig ist/die Hertzen erleuchtet vnd ernewert/ vnd durch 2Cor.3.3. den Gott endlich auch vnsere sterbliche Leibe lebendig machet. Rom.8. 10.11.

Vnnd solche Göttliche wirckung/ Zeugen die Apo- stel/daß dieser Geist GOTTES von anbegin geübet hab. Der heilig Geist/ spricht Petrus/ hat zuuor gesagt durch den Mund Dauids/ von Juda. Der heilig Geist/ sagt Act.1.16. Paulus/hat durch den mund des Propheten Jsaias gespro- Act.28.25 chen/ Gehe hin zu diesem Volck/ vnd sprich/ Mit den Ohren werdet jhrs hören vnd nicht verstehen/ vnd mit augen werdet jhrs sehen/ vnd nicht erkennen. Vnnd Petrus spricht/ Die 1.Pet.1.11. Propheten haben geforschet/ auff welche vnd welcherley zeit deutete der Geist Christi/det in jhnen war/ vnd zuuor bezeu- get hat die leiden so in Christo sind/ vnnd die Herrligkeit darnach. Item/ Die heiligen Menschen Gottes haben ge- 2.Pet.1.21. redt/ getrieben von dem heiligen Geist. Vnnd an die
Hebreer

XLVI.

Hebr.3.7. Hebreer stehet also/ daß der heilig Geist spricht/ im 95.
Psalm/ Heute/ so jhr hören werdet seine stimm/ so verstocket
Hebr.9.8. ewre hertzen nicht/ꝛc. Item/ Daß der heilig Geist/ durch die
Ceremonien im alten Testament gedeutet habe/ daß noch
Heb.10,15 nicht offenbar were der weg zur heiligkeit/ so lange die erste
Hütten stünde. Item/ Der heilig Geist bezeuge vns durch den
Propheten Jeremiam/ Denn nach dem er (der heilig Geist)
zuuor gesagt habe/ das ist das Testament/ das ich jhnen ma-
chen wil nach diesen tagen/ So spreche der HERR/ das ist/
der ewige ware GOtt/ welchen er zuuor den heiligen Geist
genennet/ Ich wil mein gesetz in jhr hertz geben/ vnd in jre sin-
ne wil ich es schreiben/ vnd jrer Sünde vnnd vngerechtigkeit
will ich nicht mehr gedencken.

   Mit dieser Apostolischen lehre stimmen auch die Pro-
Gen.1.2. pheten. Moses sagt/ In der Erschaffung der Welt/ schwe-
bete der Geist GOttes vber dem Wasser/ das ist/ Er erhielt
das gewesser darauß hernach die Creaturen solten gemacht
werden/ da noch weder Wind/ noch jrgend ein erschaffener
Ies.48.16. Geist war. Jesaias sagt võ sich selbest/ der HERR HERR
vnd sein Geist/ sendet mich. Item/ von sich selbest/ vnnd für-
Ies.61.1. nemlich von Christo/ dem Haubt aller Propheten/ der Geist
des HERRN HERRN ist vber mir/ darumb hat mich
2.Sa.23.2. der HERR gesalbet. Vnd Dauid sagt von sich deßgleichẽ/
Der Geist des HERRN hat durch mich geredt/ vñ seine
rede ist durch meine Zunge geschehen. Auch Zacharias klagt/
Zac.7.12. daß das Volck nicht habe gewolt hören/ das gesatz vnd wort/
welche der HERR Zebaoth sandte in seinem Geiste/ durch
die vorigen Propheten.

   Auß jetzt erzelten vnnd dergleichen Zeugnussen der
Schrifft/ ist nicht allein offenbar vnd gewiß/ daß der Sohn
Gottes

Gottes vnd der heilig Geist/ von Ewigkeit warer Gott mit dem ewig Vatter gewesen/ Sonder auch daß sie vnterschiedene Personen sind. Denn der Vatter von niemanden gesendet wird/ sonder er sendet den Son vñ den heiligen Geist/ wie auch der Son den heiligen Geist sendet. Nu sendet aber niemand sich selbest/ wie auch niemand selbst sein Son/ oder sein Geist selber ist. So hat auch nicht der Vatter noch der heilig Geist/ sonder allein der Son sich genidriget/ vnd Menschliche Natur an sich genomen/ vnd ist vnser Mitler/ vnnd ein Opffer für vns worden. Auch ist nicht der Vatter/ noch der Son/ sonder der heilig Geist in Tauben gestalt/ vnnd Fewrflammen am Pfingstag erschienen. Vnd weil er darumb des Vatters vnd der Sons Geist genennt wird/ daß er von jhnē außgehet/ kan er nicht der Vatter oder der Son selbest sein/ denn niemand gehet von jm selbest auß. Vnd der Son selbest redt also vom Vatter/ Ein ander ists/ der von mir zeuget/ Ioh. 5, 32. vnd vom heiligen Geiste/ Er wolle den Vatter bitten/ daß er Ioh. 14. 16. vns ein andern Tröster sende. So redet er auch von sich vnd vom Vatter/ nicht als von einer/ sonder als von zwoen Personen/ Wir werden zu jm kommen/ vnd wonung bey jm machen. Wie auch Gott in erschaffung der Welt von sich selbest/ als von mehren Personen redet/ Lasset vns Menschen Gen. 1. 26. machen/ ein Bild das vns gleich sey/ Item/ Sihe/ Adam ist Gen. 3. 22. worden als vnser einer.

Auß solchem offentlichen vnd gewissen vnterscheid der Göttlichen Personen/ folget aber gantz vnd gar keine trennūg noch vnterscheid des wesens oder der Gottheit/ Sonder wird viel mehr vnwidersprechlich vnd von not wegen darauß erwiesen vnd verstanden die vnzertrenliche einigkeit des Göttlichen wesens in diesen dreien Personen. Denn weil eigentlich vnd gewiß nicht mehr denn ein einiger warer Ewiger Gott ist/ vnd aber diese drey Personen vns in der Schrifft als warhafftiger/ ewiger GOtt werden beschrieben vnd zuerkennen gegeben/ So ist offenbar/ daß sie nicht drey Götter/ sonder nur ein einiger GOtt/ das ist/ ein einiges Göttliches wesen sind. Solchs lehren die Euangelisten vnnd Apostel gantz klärlich/ in dem sie/ (wie zuuor angezeigt) das jenige/ so die Propheten von dem einigen waren Gott geredt haben/ nicht allein von dem ewigen Vatter/ sonder auch von seinem ewigen Son vnd heiligen Geist verstehen vnd außlegen/ damit anzuzeigen/ wer derselbe einige ware GOTT sey/ Nemlich der ewige Vatter samt seinem eingebornen Son vnd heiligen Geist. Vnnd zwar die Zeugnuß von der vnbegreifflichen/ verborgenen/ vnaußsprechlichen Ewigen geburt des Sohns vom Vatter/ vnd außgehen des heiligen Geistes vom Vatter vnd vom Son/ lassen sich ohne offentliche gewalt vnnd verkerung anders nicht/ denn von einigkeit des Göttlichen wesens verstehen. Denn der Son kein eigner noch eingeborner Son Gottes sein könde/ wenn er nicht auß dem wesen des Vatters geboren wer/ vnd dasselbe in jm hette/ auch der heilig Geist nicht also vom Vatter vñ vom Sone anßgehn/ vnnd jhr beider Geist sein könde/ daß er dennoch für vnnd für/ in jhnen were vnnd bliebe/ wenn er nicht jhres wesens were. Sind sie aber Göttliches wesens/ so sind sie eines einigen wesens mit einander vnd mit dem Vatter/ dieweil das Göttliche wesen/ vermög der Schrifft/ vnnd von wegen seiner vnbegreifflichheit vnd vnendlichheit/ wol dieser drey Personen wesen ist/ aber doch weder getrennet noch gemehret werden kan. Vnd lehret vns der Son GOTTES selbest also von sich halten vnnd glauben/ da er spricht/ Der

Vatter

Vatter hab jhm gegeben das leben in sich selbeſt zů haben wie Ioh. 5. 25.
der Vatter. Denn diß leben iſt nichts anders/ denn das we-
ſen des Vatters. Deßgleichen ſpricht Paulus vom heiligen 1. Cor. 2. 10
Geiſt/ Er ſey der Geiſt Gottes/ der in Gott vnd auß Gott ij 12.
iſt/ vnd weiß alles was in Gott iſt/ vnnd erforſchet alle ding/
auch die tieffe der Gottheit/ vnnd durch den vns Gott offen-
baret/ wie reichlich wir von jm begnadet ſind. Diß erkläret
er mit dieſer gleichnuß/ daß niemand weiß was im Menſchen
iſt/ ohne der Geiſt des Menſchen/ der in jhm iſt/ alſo weiß
auch niemand/ was in Gott iſt/ ohne der Geiſt GOTTes.
Iſt er nu ein Geiſt der auß Gott iſt/ vnnd durch den vns
Gott der Vatter vnnd der Sohn/ welcher Geiſt er iſt/ jhren
willen offenbaren/ So iſt er ſe von GOtt dem Vatter vnnd
dem Son vnterſchieden/ ſo viel ſein Perſon belanget. Iſt er
aber der Geiſt Gottes der in GOtt iſt/ vnnd alles weiß/ das
GOtt weiß/ in dem er iſt/ So iſt er ſe das weſen Gottes ſel-
beſt/ wie der Geiſt/ das iſt die Seele oder das Gemüt deß
Menſchen/ ſo im Menſchen iſt/ vnnd weiß was im Men-
ſchen iſt/ des Menſchen weſen iſt/ Doch mit dieſem vnter-
ſcheid/ daß die Seele des Menſchen/ nicht das gantze we-
ſen oder Subſtantz des Menſchen/ ſonder nur ein theil deſ-
ſelben iſt/. (denn der Menſch hat auch einen Leib) der Geiſt
GOTTES aber iſt nicht ein ſtück der Gottheit/ ſonder
das gantze/ einige/ vnzertrenliche Göttliche weſen/ ſo
wol als auch der Vatter vnd der Son. Vnd weil dieſer ei-
nige weſentliche Geiſt Gottes/ ſo wol des Sons als des Vat
ters Geiſt iſt/ So iſt nicht allein er mit dem Vatter vnd dem
Son/ Sonder auch der Vatter vnnd der Son eines einigen
weſens/ das iſt/ ein einiger GOtt/ Sonſt könde nicht eben

G ij ein

ein einiger Geist/ in vnd auß jhnen beiden sein/ vnd von jhnen
außgehen.

Diese lehre macht alle Gottsförchtige hertzen vnd gewissen ruig/ wider dz geschrey der lästerer des Sons Gottes/ Daß wir mehr deñ einen Gott/ vnd nicht denselben Gott den die Ertzuätter vnd Propheten angeruffen haben/ sonder einẽ andern Gott anbeten/ wenn wir vnser gebet zu Gott dem Son vnd Gott dem heiligen Geiste richten. Denn wir eben einen GOTT erkennen/ bekennen vnd anruffen/ wir nennen gleich mit einem namen Gottes/ alle drey Personẽ zugleich/ oder mit vnterscheidenen Namen/ des Vatters/ des Sohns oder Christi/ vñ des heiligẽ Geistes/ alle drey Personen/ oder zwo/ oder eine allein. Vnd dis nicht allein von wegẽ der einigkeit des wesens/ welche die Personen nicht lest trennen/ oder deren eine erkennen vnd anreden/ ohne erkanntnuß vnd gleiche verehrung vnd anruffung der andern Personen/ vnd machet derhalben/ daß eben ein Gott in der Person des Vatters/ oder des Sohns/ oder des heiligen Geistes angeruffen wird/ dieweil sie alle samt/ vnnd jeder in sonder/ nicht mehr denn ein einiger GOTT sind/ Sonder auch von wegen der vngetheilten/ vnnd doch ordentlichen wirckung einer Person durch die ander. Denn wie der Ewige Vatter nie gewesen ist noch sein kan/ ohne seinen Ewigen Sohn vnnd heiligen Geist/ Also wircket er auch seine Göttliche werck nicht anders denn durch sie. Vnnd wie der Ewige Sohn nicht ist ohne den Vatter vnnd den heiligen Geist/ Also vbet er auch seine wirckung nicht/ denn allein von dem Vatter/ das ist/ auß dem willen des Vatters/ vnnd durch seinen heiligen Geist. Vnnd wie der heilig Geist nicht ist ohne den Vatter vnnd den Sohn/ von welchen er außgehet/

gehet / Also thut er auch nichts dann von dem Vatter
vnnd von dem Son/das ist/auß jhrem willen. Derhalben
wann wir den Vatter vmb etwas bitten/ vnnd jhn recht/
das ist/ nach seinem Wort/ erkennen vnnd antruffen/
So bitten wir/daß er dasselbe thun wölle durch seinen Son
vnnd heiligen Geist. Wer aber diß begeret/der begert auch
zugleich von dem Son vnd heiligen Geist/daß sie es im Namen
des Vatters thun. Diß aber ist nichts anders/dann den
Vatter/vnnd den Sohn/vnnd den heiligen Geist zugleich
antruffen inn der Person des Vatters. Also/wann wir den
Son vmb etwas bitten/ vnd jn für den ewigen Son Gottes
erkennen/So bitten wir/daß er solches im Namen des Vatters/durch
seinen heiligen Geist thun wölle: Damit aber begeren
wir auch/daß es der Vatter durch den Son/ vnnd der
heilig Geist im Namen des Vatters vnnd des Sohns thun
wölle. Deßgleichen/wann wir den H. Geist vmb etwas anruffen/
bitten wir anders nicht/dann daß es der Vatter vnd
der Son durch jren Geist wöllen thun. Diß aber ist je nichts
anders/dann alle drey Personen antruffen/es werde gleich
eine oder mehr gemeldet oder genennet/Darauß dann klar
vnnd vnlaugbar ist/daß wir nicht mehr dann einen einigen
Gott/in allen diesen dreyen Personen antruffen/welchen alle
Vätter/Propheten vnd Aposteln/vnd die gantze Kirche Gottes/von
anbegin haben angtruffen.

Solche aber vnsere Bekanntenuß vnd Antruffung ist in
Gottes wort außdrücklich vnd feste gegründet/da Christus
selbst spricht/Wer an mich glaubet/der glaubet nit an mich/ Ioan.12.
sonder an den/der mich gesand hat/Vnd wer mich sihet/der 44.
sihet den/der mich gesand hat. Das ist/Es kan niemand an
den Son glauben/er glaube dann auch an den Vatter/vnd

G iij nie-

niemand an den Vatter / er glaube dann auch an den Son /
dann es kan einer ohne den anderen nicht erkannt werden.
Ioan.14.1. Darumb spricht er auch ferner / Glaubet jhr an GOtt / so
glaubet auch an mich / als wolt er sagen / Also werdet jr recht
an Gott glauben / wann jr auch an mich glaubet.

Ioh.14.6. Item / Niemand komt zum Vatter dann durch mich /
wann jhr mich kennetet / so kennet jhr auch meinen Vatter.
Item / Philippe / Wer mich sihet / der sihet den Vater. Vnd
zeiget der HERR beide obgemelte vrsache an / solcher seiner
rede / Glaubstu nicht daß ich im Vatter / vnd der Vatter in
mir ist. Die wort die ich zu euch rede / die rede ich nicht von
mir selbst / Der Vatter aber / der in mir wohnet / derselbige
thut die werck. Glaubet mir / daß ich im Vatter / vnnd der
Vatter inn mir ist. Wo nicht / so glaubet mir doch vmb der
Ioh.5.17. wercke willen. Wie er auch anderswo saget / Mein Vatter
wircket bißher / vnnd ich wircke auch. Warlich / warlich / ich
sage euch / Der Sohn kan nichts von sich selbest thun / dann
was er sihet den Vatter thun. Dann was derselbige thut /
das thut gleich auch der Sohn. Der Vatter aber hat den
Sohn lieb / vnnd zeiget jhm alles was er thut. Dieweil dann
der Vatter nichts thut / daß er dem Sohn nicht zeige / vnnd
der Sohn alles thut / das er den Vatter thun sihet / vnnd
auch nichts thut / dann das er den Vatter sihet thun / So
wil ohne zweiffel der Vatter nicht anders gebetten sein /
daß daß er durch den Sohn vns gebe / was wir jn bitte / Auch
der Sohn nicht anders / dann daß er auß vnd nach des Vat-
ters willen / vnserer bitten vns gewehre. Solches lehret vns
Ioh.14.13. auch der HERR CHRIstus / da er spricht / Was jhr
bitten werdet in meinem Namen / das wil ich thun / auff daß
der Vatter geehret werde in dem Sohn: Vnnd widerumb /
War-

LIII.

Warlich/ warlich/ ich sage euch/ So jhr den Vatter etwas Ioh.16.23.
bitten werdet inn meinem Namen/ so wirdt ers euch geben.
So der Vatter vnnd der Sohn zugleich wollen geben was
wir bitten/ so wollen sie auch zugleich darumb gebetten sein/
doch also/ daß es der Vatter durch den Sohn/ vnd der Son
in des Vatters Namen thu. Deßgleichen auch/ so der
Vatter vnnd der Sohn vns wollen jhre wolthaten mit=
theilen durch jhren Geist/ so wollen sie auch also darumb
gebetten sein/ daß sie es durch den heiligen Geist/ vnnd der
heilige Geist in jhrem Namen thu/ Wie der HERR von Ioh.16.13.
jhm sagt/ Wann der Geist der Warheit kommen wird/ der
wird euch in alle Warheit leiten. Dann er wird nicht von
jhm selber reden/ sondern was er hören wird/ das wird er re=
den/ vnnd was zukünfftig ist/ wirdt er euch verkündigen.
Derselbige wirdt mich verklären/ dann von dem meinen
wirdt ers nemmen/ vnnd euch verkündigen. Alles was der
Vatter hat/ das ist mein/ darumb hab ich gesaget/ Er
wirdts von dem meinen nemmen/ vnnd euch verkündigen.
Vnnd zwar alle Zeugnuß der Schrifft die da lehren/ daß
Gott der Vatter vnd der Sohn wircken durch jren Geist/
geben vns gnugsam zuuerstehen/ daß niemand den heiligen
Geist anruffen kan/ er ruffe dann zugleich den Vatter vnnd
den Sohn an/ daß sie durch jhren Geist thun was wir sie
bitten. Herwiderumb aber/ wer den Vatter nicht also an=
rufft/ daß er durch seinen Sohn vnnd seinen Geist vns sei=
ne Wolthaten mittheile/ der erkennt vnnd ruffet jhn an/
nicht also/ wie er wil erkannt vnnd angeruffen werden/
vnnd wirdt derwegen auch nicht erhöret/ wie Johannes
spricht/ Wer den Sohn leugnet/ der hat auch den Vatter
nicht. Item/ Wer vbertritt vnnd bleibet nicht in der Lehre Ioh.2.23.
Christi/

Christi/der hat keinen Gott/Wer in der Lehre Christi blei-
bet/der hat beyde den Vatter vnnd den Sohn. Vnnd der
H. Geist selbest sagt/Wer den Sohn nicht ehret/der ehret
den Vatter nicht/der jhn gesand hat. Dieweil wir dann in
den Vatter glauben/wann wir in den Son glauben/vnnd
den Vatter ehren/wann wir den Son ehren/So betten wir
auch den Vatter an/wann wir den Son anbetten. Vnnd
diß lehret Christus selbest/daß es darumb also sey/daß der
Son nichts rede noch thut/dann was er vom Vatter höret
vnd sihet. Diese vrsach aber finden wir in Gottes wort auch
an dem heiligen Geist/Nemlich/daß er nichts redet noch
wircket/dann was er von dem Vatter vnnd von dem Sohn
höret vnd nimt. Derhalben auch/wann wir an jn glauben/
so glauben wir an den Vatter vnd an den Son/vnnd wann
wir jn ehren vnd anbetten/so ehren vnd betten wir auch an
den Vatter vnd den Son/wie wir in vnserm heiligen Tauff
jnen haben gelobt vnd geschworen.

Auff diesem satten vnd vnbeweglichen grund Göttli-
ches worts/so bißhero ist angezeigt/stehet vnd beruhet vnser
Glaub vnd Bekanntnuß von den dreyen Personen des eini-
gen Göttlichen wesens. Ist derhalben vnnot vnd zulang/
der alten Christlichen Lehrer Zeugnusse allhie zuerzelen/
dieweil derselbigen Bücher für handen/vnd jhre Lehre vnd
meinung auch den Lesern vnlaugbar ist. Eines allein haben
wir für gut angesehen/den gemeinen Leser zuerinnern/daß
die Lästerer des Sons vnnd des Geists Gottes gantz fälsch-
lich vnnd vnuerschämt fürgeben/diese Lehre von den dreyen
gleich ewigen Personen der Gottheit/sey vnder dem Anti-
christischen Papsthum erdichtet/vnnd habe die Apostolische
Christliche Kirche die Schrifft nicht also verstanden/noch
also

also von Gott geglaubt vnd gelehret. Dann ob gleich Gott der Allmächtige/ auch in der Finsternuß des Papsthums/ diesen vnnd andere Hauptpuncten vnnd gründe Christliches Glaubens vnnd vnser Seligkeit/ vmb seiner Außerwehlten willen/ die er auch vnder der Päpstischen Tyranney gehabt/ erhalten hat/ So folget doch darumb nicht/ daß sie der Papst erdacht habe/ sind derwegen weder zuverwerffen noch zuglauben/ darumb daß sie der Papst bekennt/ Sonder darauff fest vnnd beständiglich zubehalten/ daß sie in Gottes Wort gegründet/ vnd von den Aposteln her/ auff vns sind geerbet.

Dann den Apostel vnd Euangelisten Johannem/ der fast biß in das hunderteste Jar nach Christi Geburt gelebet/ haben gesehen vñ gehört die fürnemen Lehrer der Christlichen Kirchen/ Papias/ Polycarpus vñ Ignatius der Martyrer/ Bischoff zu Antiochia/ der biß inns Jar Christi 112. gelebt. Auß dieses Ignatij Schrifften zeucht viel Sprüch an/ von der waren Gottheit vnnd Menschheit Christi/ der gelehrte vñ glaubwürdige Christliche Lehrer Theodoretus: Als da er spricht/ Die ir warhafftig versichert seid im Glauben an vnsern HERRN/ der auß dem Geschlecht Dauids ist/ nach dem Fleisch/ aber Gottes Son nach seiner Gottheit vnnd krafft. Item/ Was hilfft michs/ wann jemand mich lobet/ vnd aber meinen Herren lästert/ dieweil er nit bekennet/ daß er das Fleisch an sich trage. Item/ Es ist nur ein Artzt/ der Fleisch vnd Geist ist/ der geboren ist auß dem/ der nicht geboren ist/ der Gott ist in dem Menschen/ vnd das ware Leben in dem Tod/ auß Maria vñ auß Gott/ der anfänglich gelidden hat/ da er doch nit leide knndte/ Jesus Christus vnser HErr. *Theod. dial.*

Papiam vnnd Polycarpum hat gehöret der heilig Ireneus/ der Bischoff zu Lyon gewesen/ vñ das Jar Christi 180.

dieses

LVI.

Dieses Bücher wider die alten Ketzer/ sind fürhanden vnd bekandt/ in welchen eben dise Lehre verfasset ist/ Darer von seinen vnd der gantzen Christlichen Kirchen einhelligem Glauben alsobekennt. Die Christliche Kirche/ die wol durch die gantze Welt zerstrewet ist/ hat doch von den Aposteln vñ jren Jüngern empfangen/ den Glauben an einen Gott den Allmächtigen Vatter/ der Himel vnd Erden/ vnnd das Meer/ vnd alles was darinnen ist/ gemacht hat/ Vnd an einen Christum Jesum/ den Son Gottes/ welcher ist Fleisch worden/ vmb vnser Seligkeit willen/ Vnnd an den heiligen Geist/ welcher durch die Propheten verkündigt hat die Menschwerdung Gottes vnd seine Zukunfft/ vnnd die Geburt auß der Jungkfrawen/ vnd das Leiden/ vñ die Aufferstehung von den Todten/ vnd die im Fleisch geschehene auffnemmungen deß Himels des geliebten Jesu Christi/ vnsers HERRN/ vnd seine Widerkunfft auß dem Himmel in der Herrligkeit des Vatters/ daß er alles widerumb zurecht bringe/ vnd erwecke alles Fleisch des gantzen Menschlichen Geschlechts/ Auff daß Christo Jesu vnserm HERRN vnd Gott vnd Seligmacher vnd König/ nach dem wolgefallen des vnsichtbaren Vatters/ alle Knie sich biegen/ die im Himel vnd auff Erden/ vñ vnder der Erden sind/ vñ jn alle Zungen preisen ꝛc. Vnnd also/ spricht er/ haben von den Aposteln an/ biß auff seine zeit geglaubt vñ gelehret/ die Kirchen in Teutschen landen/ in Hispanien/ in Franckreich/ in Morgenländern/ in Egypten/ in Libyen/ vnd in der gantzen Welt. Darum er auch an einem andern ort sein Gebett zu diesen dreyen Personen also richtet/ Ich ruffe dich an HERR/ der Gott Abraham/ Isaac/ Jacob/ der Vatter vnsers HERRN Jesu Christi/ Gott der du auß deiner grossen barmhertzigkeit vns begnadet

hast/

haſt/daß wir dich erkennen/der du Himel vñ Erden gemacht
haſt/vnnd vber alles herrſcheſt/der du der einige vnnd ware
Gott biſt/ohne welchen kein ander iſt der Gott ſey/ohn vnſern
HERRN Jeſum Chriſtum/vnd regiereſt auch durch
die Herrſchung des H. Geiſtes/Gib allen/ſo dieſe Schrifft
leſen/daß ſie dich erkennen/daß du allein Gott biſt/vnnd an
dir beſtändig bleiben/vnd fliehen alle Ketzeriſche vnd Gott-
loſe meinungen. Item/Der Son Gottes/der vom Him- *Lib. 3.*
mel herab gefahren/vñ hin auff gefahren iſt/der iſt des Men- *Cap. 20.*
ſchen Son worden/wie auch der Namen ſelbſt anzeiget/dann
in dem Namen Chriſti (das iſt/des Geſalbten) wird verſtan-
den/der in geſalbet hat/vnnd der geſalbet iſt/vnnd die Salbe/
damit er geſalbet iſt. Geſalbet hat in der Vatter/Geſalbet
iſt der Sohn/die Salbe iſt der heillge Geiſt. Item/Nach
dem klärlich bewieſen iſt/daß das Wort/welches im anfang
bey Gott war/durch welches alles gemacht iſt/Welches
auch alle zeit bey dem Menſchlichen Geſchlecht geweſen iſt/
in der letzten vnnd vom Vatter beſtimten zeit/ſeinem Ge-
ſchöpffe iſt vereiniget/vnnd ein Menſch worden/der leiden
köndte/So iſt außgeſchloſſen alle Widerrede deren/die da
ſagen/So CHRJſtus dazumal geboren iſt/ſo ſey er zuuor
nicht geweſen/ꝛc. Item/Der lebendige Gott/den die Pro- *Lib. 4.*
pheten anruffeten/iſt der GOTT der Lebendigen/vnd ſein *Cap. 11.*
Wort/welches auch mit Moſe geredt hat/welches auch die
Sadduceer widerlegt hat/welches auch die Aufferſtehung
vnd den HERRn gezeiget hat/Daß weil Gott nit der Tod-
ten/ſonder der Lebendige Gott iſt/Gott aber ein Gott iſt der
Väter die da ſchlaffen/So lebt ſie ohn zweiffel Gott/vñ ſind
nicht verloren/dieweil ſie Kinder der Aufferſtehung ſind. Die
Aufferſtehung aber iſt der HERr ſelbſt/wie er ſpricht/Ich bin

H ij   die

LVIII.

die Aufferstehung vñ das Leben. Nu sind aber die Vätter seine Kinder. Folget/ daß Christus mitsampt dem Vatter ursach Gott des ewigen ist/ welcher mit Mose geredt hat/ vñ den Vättern sich offenbaret hat. Item/ Niemandt kennet den Vatter daß der Son/ vnd wem es der Son offenbaret. Diß offenbaren ist nicht allein von der zukünfftigen zeit zuuersteen/ gleich als hette das Wort allda erst angefangen/ den Vatter zu offenbaren/ da es von Maria geboren ist/ Sonder ist zuuersteen in gemein von allen zeiten. Dann der Son ist von anbegin bey seinem Geschöpffe gewesen/ vnd offenbaret den Vatter allen/ welchen/ vnd wann/ vnnd wie der Vatter wil/ vnd darumb ist in allen/ vnnd durch alle/ Ein Gott der Vatter/ vnd ein Wort oder ein Son/ vnd ein Geist/ vnd ein Glaub/ vnd ein Seligkeit aller die an jhn glauben. Dann durch alle offenbarungen im alten Testamente/ ward der Vatter gezeiget/ also daß der heilig Geist wirckte/ der Son das werck verwaltete/ vnd der Vatter es jm ließ gefallen.

Lib. 4. Cap. 14.

Lib. 4. Cap. 37.

Zu denselbigen zeiten/ vmb das Jar/ 40. (das ist/ bey 40. Jaren nach dem Todt Johannis des Apostels/ da noch viel gelebt/ so die Jünger der Apostel/ vnnd zum theil der Apostel selbst gesehen vnnd gehöret haben) hat auch gelebt Justinus Martyr/ der in seinem Bekanntnuß des Christlichen Glaubens/ darinn er obgesetzte Lehre nach der läng erkläret vnd befestiget/ also schreibet/ Man soll bekennen einen Gott/ vnd denselben in dem Vatter/ vnd dein Son/ vnd den heiligen Geist erkennen/ vnd so fern er Vatter/ vnnd Son/ vnnd heiliger Geist ist/ die Personen der einigen Gottheit erkennen/ So fern er aber Gott ist/ das einige vñ den Personen gemeine wesen verstehe. Dañ es wirt die einigkeit in der Dreyfaltigkeit verstanden/ vñ die Dreyfaltigkeit in der einigkeit erkennen.

Eben

Eben diese Lere hat geschrieben Clemens von Alexandria/ vmb das Jar Christi 200. Tertullianus/ Anno 230. Cyprianus/ Anno 250. Eusebius/ Anno 300. Vnd zur selbigen zeit auch Eusebius Cäsariensis/ vn Athanasius/ der im Conciliō zu Nicaea gewesen/ vnd in dem streit wider Arium vñ seinem anhang viel erlidden/ der auch vnter andern seinen Schrifften/ eins von den fürnemsten bekantnussen des Christlichen glaubens/ hinderlassen/ darinnen also stehet/ Diß ist der allgemeine Christliche glaube/ daß wir einen Gott in der Dreyfaltigkeit/ vnnd die Dreyfaltigkeit in der einigkeit verehren/ vnd vermischen nicht die Personen/ trennen auch nicht das wesen. Denn ein andre Person ist des Vatters/ ein anderes des Sons/ ein andere des heiligen Geistes/ Aber des Vaters vnd des Sohns vnnd des heiligen Geistes/ ist nur eine Gottheit/ gleiche Ehre/ vnd gleich ewige Herrligkeit/ 2c. Deßgleichen haben gelehrt vnd geschrieben vmb die jar Christi 340. vñ 350. Hilarius/ Eusebius Emissenus/ Theophilus Alexandrinus/ Epiphanius/ Didymus Alexandrinus/ Hieronymus: Item vmb die jar 370 vnd 380 Basilius Cäsariensis/ welcher also schreibt/ Wir glauben vnd bekennen einen allein waren Gott vnd Allmächtigen Vater/ vnd seinen einigen eingeborenen Son vnsern HERRN vnd Gott/ JEsum Christum/ vnd allein einen heiligen Geist/ den Tröster/ Also halten wir/ vnd also Tauffen wir in die Dreyfaltigkeit die einerleÿigen wesens ist/ wie vnser HERR Jesus Christus selbst befohlen hat/ 2c. Item Gregorius Nazianzenus/ der vnter andern also schreibt/ So bald ich an das einige wesen GOttes gedencke/ So vmbleuchten mich die drey Personen/ So bald ich die drey Personen vnterscheide/ so kome ich wider auff die einigkeit des wesens. Item Gregorius Neocäsariensis/

Exercit. Serm. 9.

Serm. de Baptismo

sis/ Gregorius Nyssenus/ Ambrosius. Vñ vmb Jar 400.
Cyrillus/ Chrysostomus/ Augustinus/ Theodoretus/ wel-
cher vieler Christlichen Scribenten/ so von der Apostel zeiten
biß auff sie/ gelebt/ zeugnusse erzelet/ als Flauiani Antioche-
ni/ Gelasij Palestini/ Seueriani/ Hippolyti/ Methodij/
Eustathij/ Amphilochij/ Antiochi/ Attici/ Damasi/ vnnd
anderer. Zu dieser aller zeiten/ hat man von dem Römischen
Papstum noch nichts gewust/ vnnd haben ohne zweiffel/ diese
Leute/ so zum theil die Apostel selbest vnnd derselben zuhörer
vnd Jünger gesehen vnd gehört/ vnd die fürnemsten Liechter
der ersten/ Uralten/ Rechtglaubigen Christenheit/ vnnd ein
gutter theil Martyrer gewesen/ in dem kleinsten finger mehr
von der Apostel vnnd jhrer Jünger lehre vnnd meinung ge-
wust/ denn die hernach zu alten vnd newen zeiten erstandene
Ketzer/ in allen jhren jrrigen widerwertigen vnd auffgeblase-
nen Köpffen. Vnd ist billich hierinnen zubedencken/ daß diese
heilige Vätter vnd Christliche lehrer in erzelung vnd verte-
digung obgesetzter lehre mit heiliger Schrifft vnd vnter jnen
selbest gantz eintrechtig vnnd einhellig sind/ vnnd nicht allein
jhre/ sonder der gantzen Christenheit/ so vor jren vnd zu jhren
zeiten gewesen/ glauben vnd bekanntnuß haben geschrieben
vnd vns hinderlassen. Welches denn auch die ersten Christ-
lichen General Concilien bezeugen/ Als das Concilium zu
Nicea vnter Keiser Constantino/ vmb das Jar 333. gehal-
ten/ darinnen die gleicheiwige vnnd mit dem Vatter einige
Gottheit des Sons Gottes wider den Ketzer Arium ist ver-
tedigt worden/ Item das Concilium zu Constantinopel/
vnter Keiser Theodosio dem ersten/ vmb das Jar 389. Da-
rinnen die Gottheit des heiligen Geistes wider die Ketzerey
Macedonij ist erwiesen. Item das Concilium zu Epheso/ vn-

tcr

ser Keiser Theodosio dem andern/ vmb das Jar 433/ In welchem die einigkeit der Person Christi/ auß zwoen vnterschidenen Naturen/ der Göttlichen vnd der Menschlichen/ wider den Ketzer Nestorium erstritten ist. Item/ das Concilium zu Chalcedon/ vnter Keiser Martiano/ vmb das Jar 458/ in welchem der vnterscheid beider Naturen in Christo/ vnd seine warte Menschheit/ wider die durch den Ketzer Eutychen eingefürte vermischung der naturen/ erkleret ist. Dargegen aber ist zubedencken/ vnnd sol vns billich warnen/ das vrtheil Gottes vber die alten vnd newen Ketzer vnd lästerer des Sons Gottes vnnd des heiligen Geistes/ Daß sie nicht allein dem Wort Gottes/ sonder auch einander selbest dermassen widerwertig sind/ daß fast so viel Irrige vnd streittige meinungen vnter ihnen zufinden/ als Ketzer auffgestanden sind. Denn etliche als Ebion vnd Samosatenus/ vnd die jetzund derselben Gottslästerung ernewern/ haben fürgeben/ Es sey nur eine Person des Göttlichen wesens/ nemlich/ der Vatter/ Christus aber sey ein blosser Mensch/ der mit Göttlichen gaben vnd Tugenden für andern Menschen gezieret sey/ vnd der H. Geist/ sey nichts denn die wirckungen vnd gaben damit die heiligen von Gott werden begnadet/ Andere/ als Sabellius/ vnd Photinus/ Daß der Vatter vnd der Son vnd der heilig geist/ nicht vnterschiedene/ sonder/ wie ein einiges wesen/ also auch ein einige Person sind/ welche sich im alten Testament offenbaret habe als der Vatter/ im newen Testament als der Son/ in dem sie mensch worden/ vnd gelidden/ vnd als der H. Geist/ in dem sie in gestalt der Tauben vnd der fewrflammen sich geoffenbaret. Etliche/ wie Arius/ Eunomius/ Aëtius/ daß diese drey Personen/ auch drey vnterschiedene wesen weren/ also daß der Vatter allein warer vnd ewiger Gott/ der Son aber

LXII.

von jm vor anderen Creaturen/ vnd als denn von dem Son der heilige Geist/ vnd die andern Creaturen erschaffen worden/ Etliche/ wie Kerinthus/ haben auß dreyen Personen zwo gemacht/ den Vatter vnd den Son/ welcher in der gestalt der Tauben auff den Menschen Jesum komen sey/ vnd durch jn die wunderthaten gewircket habe. Etliche/ wie newlich Valentinus Gentilis/ daß diese drey Personen drey weesen oder Geister/ das ist/ so viel als drey Götter wären/ doch daß der Vatter allein vnendlich vnd vnbegreifflich/ der Son vnd der heilig Geist aber dem Vatter nicht gleich/ sonder begreifflich vnd vmschrieben. Ist aber vnnot vnd viel zu lang/ alle jhre spaltungen vnd vngereimte gedichte zuerzelen/ Sonder viel mehr die vrsach solcher vngleichheit zubedencken/ daß nemlich/ nur ein einige warheit ist/ in allen dingen/ Jrrthume aber vnd lügen können vnzalbar sein/ vñ werden auch derselben/ nach dem von der Warheit ein mal abgewichen wird/ je lenger je mehr erdichtet/ dieweil keine wird erfunden/ die gegen dem Liecht der warheit bestehen möge/ vnnd nicht vielfaltige anstösse vnd vngereimte folgen mit sich bringe/ vnd also die gewissen von einem jrrweg auff den andern vmgetrieben werden/ vnd finden dennoch nichts/ darauff sie können beruhen. Derhalben wir mit allen Gottsförchtige Christen/ auff dem vnbeweglichen grund Prophetischer vnd Apostolischer lehre/ festiglich stehen vnd bleiben/ vnnd vns zu obgesetztem glauben/ der von den Aposteln her/ biß auff vns geerbet/ vnd in dem Apostolischen/ Nicenischen/ vnd Athanasif Symbolo oder Bekantnuß begriffen ist/ mit Mund vnnd Hertzen bekennen/ vnd alle darwider streittende/ obgemelte vnd dergleichen/ alte vnnd newe Jrrthume/ Ketzereyen vnnd Gottsldsterungen von Hertzen verwerffen vnd verfluchen.

Bekannt-

Bekanntnuß
Von den zweyen Vnterschiedenen Naturen in der einigen Person vnsers HERREN Jesu Christi.

Nach dem nu der ewig / einig Gott / durch sein gleich ewigs Wort / vnnd gleich ewigen Geist / alles erschaffen / vnnd aber das Menschliche geschlecht / auß anreitzung des Teuffels / durch die Sünde / von Gott abgefallen / vñ sich in ewigen tod gestürtzet / darauß es durch sich selbest nimmermehr mochte komen / vnd dennoch Gott auß dem selben ein ewige gemein jm samlen / vnd von sünd vñ Tod erlösen wolte / die in Himlischer freud vnd Herrligkeit mit jm lebete / vnd jhn ewiglich preisete / So erforderte die vnermäßliche Gerechtigkeit vnd Barmhertzigkeit Gottes / daß ein solcher Mitler zwischen Gott vnnd die Menschen sich legte / der den gerechten vnd vnträglichen zorn Gottes wider die Sünde / durch ertragung für vns einer solchen straff / die der ewigen pein / so wir verschuldet / gleich were / stillen vnnd ableinen / vnnd die außerwelten durch den heiligen Geist ernewern vnnd zu GOTT bekeren / die verlorne Gerechtigkeit / leben vnd Herrligkeit vns widergeben /

J vnd

vñ vns auß feindē Gottes zu Kindern Gottes machen könde.

Dieses aber grosse werck vnd Mitlerampt/ob es wol durch einen Menschen müste geschehen/der auß diesem Fleisch vnd Blut Adams were/welches gesündiget hatte/war es doch vnmöglich einer solchen Person zuertragen vñ zuuerrichten/die nicht Allmächtig/allwissend/allenthalben gegenwertig/das ist/warer Ewiger Gott/ vnd doch auch selbest Gottes Son von art vnnd Natur were/ auff daß wir durch jn/ als vnsern Bruder/das Kinds recht widerumb erlangten/vnnd zu Kindern Gottes angenomen würden.

Derhalben hat Gott auß grundloser Barmhertzigkeit von ewigkeit beschlossen/daß die ander Person der Gottheit/nemlich der eingeborne Sohn Gottes/diß Mitlerampt auff sich neme/auff daß das Menschliche geschlecht durch denselbē selig wurde/durch den es anfenglich erschaffen war/vñ derselbe vns zu Kindern Gottes machte/der selbest zuuor Gottes Son war. Nicht der Vatter/deñ võ diesem müste der Mitler zu vns gesand werden/vnd bey diesem müste er für vns bitten/damit vns also der Vatter erbetten/vnd sambt jm der Son vñ H. Geist versönet würden/Nicht der H. Geist/deñ dieser müste vns durch dē Mitler gegebē werdē/Sonder der Son/der von anbegin gesand/dz er als der Mitler den willen Gottes offenbarte/vnd ein ewige Kirche samlete/ dieser hat nach den verheissungen/ die durch jhn den Vättern sind von Gott geschehen/ zu bestimter zeit/ auß dem Samen Dauids/von dem Leib vnnd geblüt der Jungfrawen Maria/ durch wirckung seines H. Geistes/ Menschlichē Leib vnd Seel an sich genomen/vñ sich mit dieser gantzen vnd vollkomenē Menschlichen Natur/welche alle jhre wesentliche vnd Natürliche eigenschafften/ darzu auch alle vnsere gebrechen vnd schwach-
heiten/

heiten/vermög seines amts vnd beruffs/ doch ohne alle beflekkung einiger Sünde/ also vereiniget/ daß dz ewige eingeborne wort des ewigē Vatters/ vñ diese Menschliche natur/ sind vnnd ewiglich bleiben/ ein einige Person/ ein einiger Christus vnd Mitler/ ein einiger Son Gottes/ warer Gott auß Gott von ewigkeit/ vnnd warer Mensch auß der Jungfrawen/ zu seiner zeit geboren.

Ist derwegen diese wunderbare Persönliche vereinigung dieser zweier Naturen in Christo/ nicht ein verenderung der Gottheit in die Menschheit/ Deñ dz Göttliche wesen ist ewig vñ vnwandelbar/ Auch nicht der Mēschheit in die Gottheit/ Deñ der ewigē/ einigen/ vnwandelbaren Gottheit nichts weder zu noch ab kan gehen/ Auch nicht eine vermischung oder vergleichung der Naturen/ dadurch sie beide einerley eigenschafften vnd wirckungen bekōmen/ denn keine Creatur in ihren Erschaffer verwandelt/ noch jm gleich werden kan. Sie ist auch nicht nur ein solches beiwesen oder wonūg der Gottheit in der Menschheit/ wie Gott bey andern Creaturen ist/ vnd sie erhelt/ vnnd durch seine fürsehung regiret/ oder wie er in den heiligen Engeln vnd Menschen wohnet/ vnd sie heilliget/ vnd durch seinen Geist regiert/ vnd durch sie wircket was vnd wie er wil/ Denn diß machet nicht daß die Creatur Gott sey vnd heisse/ Dieweil die Gottheit nicht ein theil jhres wesens wird. Sonder sie ist ein heimliche/ vnerforschliche vñ vnaußsprechliche verbindung der Göttlichen vnnd Menschlichen Natur/ dadurch sie beide ein theil oder stück des wesens der gantzen vnnd einigen Person CHRISTI sind/ Wie Leib vnnd Seel durch vnerforschliche vereinigung/ das wesen eines Menschen sind/ Also daß GOTT/ das ist/ dieselbe Person/ die GOTT ist/ warhafftig

J ij Mensch

Mensch sey vnd genennt werde/ vnd alles thue vnd leide/ was dieser Mensch JEsus thut vnnd leidet/ aber doch nicht nach seiner Gottheit/ sonder nach seiner Menschheit/ vnnd dieser Mensch Jesus Christus warhafftig GOtt vnd alles was Gott ist/ sey vnnd genannt werde/ vnd thue vnd hab gethan/ alles was GOtt thut vnd gethan hat/ doch nicht nach seiner Menschheit/ sonder nach seiner GOttheit. Denn die vnerforschliche vereinigung beider Naturen in einer Person/ ist die vrsache/ darumb warhafftig nicht von der GOttheit/ sonder von Gott/ das ist/ von dieser Person die da GOtt ist/ die eigenschafften vnd wirckungen der Menschheit/ vnd nicht von der Menschheit/ sonder von dem Menschen/ das ist/ von dieser Person/ die da auch Mensch ist/ die eigenschafften vnd wirckungen der Gottheit/ mit warheit können vnnd müssen gesagt werden. Ist aber dennoch die Göttliche Natur/ oder das Wort/ von ewigkeit ein gantze vollkomene Person/ wiewol nicht der gantze vollkomene Christus gewesen/ ehe denn die Person des worts die Menschheit an sich genomen/ Deñ ein ander ding ist/ ein vollkomene Person der Gottheit sein/ ein anders/ die vollkomene oder gantze Person Christi sein.

Dieses geheimnuß haben die Alten Christlichen Lehrer etlicher massen durch das gleichnuß der Persönlichen vereinigung Leibs vnnd der Seelen in einem Menschen/ sich befliessen zuerklären. Denn wie der Mensch/ vnsichtbar/ vernünfftig vñ vnsterblich ist/ nicht nach dem leibe/ sonder nach der Seelen/ ist aber sichtbar/ vnuernünfftig/ vnd sterblich/ nicht nach der Seelen/ sonder nach dē Leib/ vñ sind dennoch nicht zween Menschē/ sonder ist ein einiger Mensch/ nicht von wegen gleichheit der eigenschafften oder wirckungē der Seelen vnd des Leibs (dann sie beyde jhre wesentliche vnterschiedene

terschiedene eigenschafften/vnnd besondere wirckungen/auch in denen Wercken/welche die Seel durch den Leib vbet/behalten) sonder von wegen der verborgenen vnnd so genawen vereinigung vnd verbindung Leibs vnnd der Seelen/welche diese beyde zu teilen eines einigen gantzen Menschen machet/ Also auch ist der Mensch Christus von Ewigkeit/Allmächtig/Allwissend/Hertzkündiger/ vnendlich/vnnd zugleich an allen orten gegenwertig/Erschaffer vnd Erhalter aller ding/ gibt den H. Geist/wohnet wie der Vater vñ der heilig Geist/ in den Heiligen/erweckt die Todten/vnd thut alle werck des Vatters wie der Vatter selbst/nicht nach seiner Menschheit/ sonder nach seiner Gottheit/nach welcher/vnd vmb welcher willen/dieser Mensch warer Gott ist/Vnnd herwiderumb Gott/das ist/die Person Christi/welche warer Gott ist/die ist zu seiner zeit/von der Jungfrawen geboren/schwach wie ein Mensch gewesen/hat gelidden/ist gestorben/aufferstanden vom Tode/auffgefahren gen Himmel/hat nicht vnendliche/vnerschaffene/selbst wesentliche/wie die Gottheit/ sondern erschaffene stärcke/vnnd erkanntnuß Gottes vnd seiner werck/vnd dieselbe so groß als sie begeret/vnd jr die Gottheit nach jrer vnd jres Amts vnd Herrligkeit gebür/mittheilet/ ist begreifflich/vnd zu einer zeit nicht an mehren dann an einem ort wesenlich gegenwertig/ist von jrer Gottheit erschaffen/ vnd wirdt von derselben so wol als andere Creaturen erhalten vnd regieret/heilig/lebendig/vnd herrlich gemacht rc. Vnnd diß alles nicht nach jhrer Gottheit/sonder nach jhrer Menschheit/nach welcher/vnnd vmb welcher willen diese Person/die warer Gott ist/auch zugleich warer Mensch ist.

 Wie nu in Christo zweierley Natur vnd wesen/nemlich/das Göttlich vnnd das Menschlich ist/Also sind auch in

J iij   jm

zin zweyerley verstand/zweyerley willen/zweyerley wirckung der Göttlichen vnd der Menschlichen Natur. Dann ob wol das Amt Christi nicht einer Natur allein/sonder der gantzen Person zugehört/So wircket doch in solchem Amt ein jede Natur was jr zustehet vñ eigen ist. Es will der HERR Christus mit seinem Göttlichen vnd Menschlichen willen/daß der H. Geist vns gegeben werde/vnnd in vnsern Hertzen wircke. Er gibt jn aber nicht nach seiner Menschheit/sonder nach seiner Gottheit. Er wil nach seiner Menschheit vnd Gottheit/ daß die Todten lebendig werdē/vñ zwar nach seiner Menschheit heisset er sie mit eusserlicher Stimm auffstehen/als da er sprach/Lazare/komm herfür/Aber durch die allmechtige krafft seiner Gottheit gibt er jnē das Leben. Er wirt die Lebendigen vnd die Todten richten mit wissen vnd willen seiner Menschheit vnd Gottheit/vnnd in seiner Menschheit mit sichtbarer Herrligkeit erscheinen/vnd das Vrtheil fellen/Aber mit seiner Gottheit erforschet er die Hertzen/rüret er die Gewissen/ gibt er ewiges Leben vnd Herrligkeit/strafft er mit dem ewigen Todt.

 Diese Lehre/daß Gott vnd Mensch in Christo ein einige Person sind/vnd dannoch beyde Naturen jre vnterschiedene eigenschafften vñ wirckungen behalten/ist auß vilen Zeugnussen der Schrifft gewiß vnd offenbar.

 Das Wort/welches im anfang Gott/vnd bey Gott/ vnnd in der Welt war/ehe dann es in sein Eigenthum kam/ spricht Johannes/das ward Fleisch/nicht also/daß die vnwandelbare Göttliche Natur des Worts/were in Fleisch/ das ist/in die schwache Menschliche Natur verwandelt/sonder daß es mit der Menschheit in eine Person vereinigt ist worden. Dann es blieb diß Wort/der eingeborne Son Gottes/

Joh. 1. 14.

Joh. 1. 14. 18.

vnd

vnnd in dem Schoß des Vatters / auch nach dem es Fleisch
war worden / vnd vnder den Menschen wohnete. Vnd in seiner
Epistel erkläret sich Johannes also / daß CHRJstus in dem   1.Joh.4.
Fleisch komen sey / Damit er vnterscheidet / den der im Fleisch
komen ist / vnd das Fleisch / in dem er kommen ist / vnd nennet
dannoch diese beyde einen Jesum Christum. Also vnderschei-
det der HERR selbst seine Gottheit von seiner Menschheit /
da er sagt / Brechet diesen Tempel / vnd am dritten tag wil ich   Joh.2.
jn auffrichten. Dann er je vnterscheidet den Tempel der zu-
brochen solte werden / das ist / seine Menschheit / von dem der
darinnen wohnete / vnd diesen Tempel wider auffrichten solte /
welcher sich nicht selbst kondte auffrichten / sonder von Gott
auffgerichtet muste werden. Vnd sagt dannoch Christus / Er
selbst / welcher der Tempel Gottes war / sey auch derselbe / der
disen Tempel wider auffrichte. Eben also redet auch Paulus /   Colos.2.
In jm wonet die gantze fülle der Gotheit (das ist / die volkom-
mene ware Gottheit) leibhafftig / das ist / nicht wie in andern
Menschen / in denen die Gottheit nur wohnet / aber mit jnen
nicht also vereiniget wirt / daß sie jre Leib vnd Seel an sich ne-
me / daß sie Gottes Leib vnd Seele wurden / vñ also die Gott-
heit so wol als Leib vnd Seele / das wesen jhrer Person were.
Vnnd an die Hebreer spricht der Apostel / Er sey Fleisches   Heb.2.
vnnd Bluts theilhafftig worden. Item / Er habe den Sa-   16.
men Abrahams an sich genommen. Vnnd S. Paulus sa-   1.Tim.3.
get von der Menschwerdung des Sons Gottes / Gott ist of-   16.
fenbaret im Fleisch / Jn diesen worten wirdt offentlich der des
Fleisches theilhafftig wordē ist / daßelbe an sich genom̃en hat /
vnd darinnen offenbaret ist / von dem angenom̃enen Fleisch /
darinnen er offenbaret ist / vnterschieden / vnd das vnterschie-
dene wesen beyder Naturen / in einer einigē Person behalten.
                                                               Solches

Iesa.7.14. Solches zeugen auch Jesaias/da er spricht/Der Jung-
fahren Son soll sein Immanuel/das ist/Gott mit vns/oder
Ies.9.6. Mensch vnd Gott zugleich. Item/dasselbige Kind/das vns
Iere.23.5. geboren ist/soll sein der starcke Gott/ Vnnd Jeremias/da er
6. sagt/das Gewächsse Dauids werde sein/Jehoua/das ist/der
HERR/der vnser Gerechtigkeit ist. Diese Zeugnuß er-
klären gnugsam/so fern es vns not ist gewesen zuwissen/wie
das Wort Fleisch worden sey/vnnd stossen vmb alle Glossen
der alten vnd newen Ketzer/die weder mit der Schrifft noch
mit einander selbst stimmen vnd bestehen können.

Diese heimliche vnnd vns vnbegreiffliche Persönliche
vereinigung der Gottheit vnd Menschheit in Christo/vnnd
nicht die vermischung oder gleichheit der eigenschafften vnd
wirckungen beyder Naturen/ist die rechte gründliche vñ eini-
ge vrsach/vmb welcher willen die Schrifft vnd die Christen-
heit recht vnd mit Warheit sagt/daß Gott der ewige Son
gelidden vnnd gethan habe/vnnd noch thue/alles was einem
waren Menschen zustehet/doch nicht nach seiner Gottheit/
1.Tim.6. sonder nach seiner Menschheit. Dann Gott ist vnsichtbar/
16. dannoch ist er offenbar vnd sichtbar vnd greifflich worden im
1.Timo.3.
16. Fleisch/Gott hat kein Blut/vnd kan weder leiden noch ster-
1.Ioh..:. ben/Dannoch hat er seine Gemeine durch sein eigen Blut er-
Actor.20.
28. worben. Gott fähret weder auff noch ab/dieweil er zuuor an
Ephes.4. allen orten ist/Dannoch ist eben derselbige/der zuuor herunter
8.9.10. gefahren ist in die vntersten orte der Erden/das ist/hernieden
auff Erden Mensch worden ist/vnnd sich offenbaret hat/
auch hinauff gefahren ober alle Himmel/vnd auffgenom̃en
1.Timo.3. in die Herrligkeit. Diese vnd dergleichen reden müssen not-
16. halben von dieser Person/die Gott vnd Mensch ist/nach jrer
Menschheit verstanden werden. Vnd zwar erkläret sich auch
die Schrifft

die Schrifft selbst also. Der Son Gottes/ spricht Paulus/ Rom.1.3.
ist geboren von dem Samen Dauids/ nach dem Fleisch. J-
tem/ Christus/ der da Gott ist vber alles/ gelobet in ewigkeit/ Rom. 9.5.
komt auß den Juden her/ nach dem Fleisch. Vnd Petrus/ Er 1.Pet.3.18.
ist getödtet nach dem Fleisch. Item/ Er hat für vns gelidden 1.Pet. 4.1.
am Fleisch. Dann nach dem heilig vnd lebendigmachenden
Geist/ das ist/ nach seiner Gottheit/ ist er nicht allein allezeit
lebendig blieben/ sonder auch durch denselben/ das ist/ durch
sich selbst lebendig gemacht/ vnderweiset der allmächtige
Son Gottes.

Dargegen auch eben vmb dieser vrsach willen/ wirt von Rom.1.4.
dem Menschen Jesu Christo recht vnnd mit Warheit gesa-
get/ daß er alles dasjenige sey vnd thue/ nach seiner Gottheit/
was Gott allein ist vnnd thut. Dann wie der ewige Son
Gottes warer Mensch/ von einem Weibe geboren/ erschaf-
fen/ mit dem heiligē Geist gesalbet/ schwach vnd dürfftig ge-
wesen/ nit allzeit alles gewust/ sonder an weißheit zugenoffen Rom.9.5.
hat/ gestorben/ aufferweckt/ gen Himmel gefahren/ jederzeit 1.Ioh.5.20
nicht mehr dann an einem orte ist/ nach seiner Menschheit/ Luc.1.76.78.
Also ist der Mensch Jesus warer Gott/ der Allerhöchste/ der 1.Cor.15.
auffgang auß der höhe/ der HERR võ Himel/ der da ist ehe 47.
dann Abraham war/ der weder anfang der tage noch ende des Ioh.8.58.
Lebens hat/ durch den alles geschaffen ist im Himel vnd auff Heb.7.3.
Erden/ der vor allen ist/ Vnnd durch den alles bestehet/ der Coloss.1.16.17.
vom Himmel gestigen ist/ vnd zuuor im Himmel war/ ehe Ioh. 6.38.
dann er auff Erden kam/ der mit dem heiligen Geist täuffet/ 62.
der solche krafft vnd wirckung hat/ damit er jm alles kan vn- Ioh.1.33.
terthänig machen/ Der ein Hertzkündiger ist/ vnd alles von Phil.3.21.
jm selbst weiß/ der Gott gleich ist/ vnd von anbegin mit dem Ioh.2.25.
Vatter biß anher wircket/ die Aufferstehung vnd das Leben Ioh.16.30.
Phili.2.6.
Ioh. 5.17.
Ioh.11.25.

K selbst

Ioh.5.26.
21.
Ioh.3.13.
Matth.18.
20.
Matth.28.
20.
Ioh.14.23.

selbst ist/vnd das Leben in jm selbst hat/ vnd aufferwecket wen er wil/wie der Vatter/der im Himmel war/da er auff Erden wandelte/vnd nach dem er gen Himmel gefahren/ vnd dise Welt verlassen hat/vnder vnd bey den seinen auff Erden ist/ vnd mit dem Vatter vnd heiligen Geist in jhnen wohnet/ zu allen orten vnd zeiten/vñ solchs alles nit nach seiner Menschheit/sonder nach seiner Gottheit. Dann diß gewiß vnd sicher ist/ daß kein erschaffenes ding/ weder an seinem wesen/ noch an seiner Krafft oder Weißheit/ oder andern Gaben vnd eigenschafften/ Sonder allein das einige ewige Göttliche wesen/vnendlich vnnd vnermäßlich ist/vnnd derwegen keine erschaffene Allmächtigkeit/ Allwissenheit/ oder was dergleichen/zudichten/ Sonder ist nicht mehr dann eine Allmächtigkeit vnd Allwissenheit/ welche die wesentliche ewige Gottheit selbst ist. Nun sind aber in Christo zweyerley Natur vnd wesen/ das Göttliche vnnd das Menschliche/vnnd zweyerley krafft vnd wissenschafft vnd wirckung/ die Göttliche vnd die Menschliche. Derhalben wie das Göttliche wesen in jm vnendlich/das Menschliche aber endlich/ begreifflich vnd vmbschrieben ist/ Also ist auch die wesentliche krafft vnd weißheit seiner Gotheit/das ist/ seine Gottheit selbst/ vnendlich vnnd vnermeßlich/die krafft vnd stärck aber/ vnd die weißheit oder wissenschafft der Menschlichen Natur/als die von der Göttlichen erschaffen ist/vnnd erhalten wirdt/ wie groß vnd herrlich/vnd vns in diesem leben vmbegreifflich/ sie auch sey/ ist dannoch jr selbst nit vnendlich/noch dem wesen/ der Krafft vnd Weißheit der Göttlichen natur gleich.

Nicht des da weniger aber bleibet vnnd ist diser Mensch Jesus/Allmächtig vñ Allwissend/vñ allenthalben gegenwertig/ob gleich seine Menschheit solches nicht ist. Dann auch seine

seine Menschheit nicht Gott ist/ vnd dannoch dieser Mensch warer Gott ist vnd bleibet. Nun ist aber gewiß/ vnd vnwidersprächlich/ daß Gottheit/ Allmächtigkeit/ Allwissenheit/ vnendlichs wesen/ alle ein ding sind/ nemlich/ das ewige/ Göttliche wesen/ Vnd derhalben auch Gott sein/ vnnd Allmächtig/ Allwissend/ vnendlich sein/ eben ein ding sind vnnd heissen. Folget klärlich vnd vngezweiffelt/ daß wie nicht die Menschheit CHRIsti/ sondern der Mensch CHRIstus GOTT ist/ Also auch nicht die Menschheit/ sonder dieser Mensch/ Allmächtig/ Allwissend/ allenthalben gegenwertig ist/ Wie auch nicht die Gottheit/ sonder Gott für vns gestorben ist. Die vrsach ist auß obgesetzter Lehr offenbar. Dann dise wort/ Gott/ Mensch/ bedeut die Person/ welche zugleich die Gottheit vnd die Menschheit/ vnd derhalben auch beyder dieser Naturen eigenschafften vnd wirckung in vnd an jr hat. Diese wort aber/ Gottheit/ Menschheit/ vnnd welche diesen gleich sind/ bedeuten nur die eine Natur/ Nemlich/ die Göttliche/ welche nicht Menschliche/ sonder Göttliche/ vnd die Menschliche/ welche nit Göttliche (das ist/ die das Göttliche wesen sind) sonder Menschliche eigenschafften vnd wirckungen hat. Dann da man der Gottheit die Menschlichen/ vnd der Menschheit die Götlichẽ eigenschafften vñ wirckungen andichten wolte/ So würde ohn zweiffel darauß ein vngehewre vnd Gottesläsrerliche vermischung der Naturen erfolgen. Wann aber nicht der einen Natur/ sonder der Person/ beyder Naturen eigenschafften vnd wirckungen/ vermög Göttlichs worts/ zugeschrieben werden/ Als dann wirdt die vermischung vermieden/ vnnd die vereinigung beyder vnterschiedlichen Naturen/ behalten vnd bekennt.

  Solches alles zeuget die Schrifft von Christo vor vnd

nach seiner Aufferstehung vnnd Eingang in seine Herrlig-
keit/manigfältig vnd offentlich. Dann Jesus nam zu in seiner Kindheit/wie an alter/grösse vnd stercke des Leibs/also auch/spricht Lucas/an Weißheit vnd Gnade/das ist/an allerley Geistlichen gaben/ nicht allein im ansehen bey den Menschen/sonder auch in der that vnnd Warheit bey Gott. Auch suchte er Früchte/als jhn hungerte/auff dem Feigenbaum/darauff keine waren. Item/Er saget selbst/daß er den tag vnd stund des jüngsten Gerichts nicht wisse zur zeit seiner nidrigung. Er ward müde võ der Reise/vñ (wie Paulus sagt) gleich wie ein ander Mensch/vnd an Geberden als ein Mensche erfunden. Also auch gieng er warhafftig von einem ort ans ander/ War mit seinem Leib vnd Seel/da er gecreutzigt ward/nirgend anderswo dañ an dem Creutz/daran er hieng/ war seine Seel nicht bey dem Leib/noch der Leib bey der Seelen/da er verschieden war/sondern waren beyde von einander warhafftig gescheiden vnd getrennt/vnd derwegen nit an allen orten/ war sein todter begrabner Leib niergend anderswo dann in dem Grabe/ weder sichtbar noch vnsichtbar/ Auß welchem er auch warhafftig erstanden/also/daß er weder zuuor heraussen gewesen/noch darnach darinnen blieben/vnnd warhafftig von der Erden mit seinem Leib vnd Seel hinauff vber alle sichtbare Himmel gefahren/ da er jetzund sichtbar vnd empfindlich ist/wandelt vnd bleibet in Hiñlischer Herrligkeit/ vnnd von dannen wider herab in die Wolcken kommen wirdt am end der Welt zurichten die Lebendigen vnd die Todten/vñ wird in ewigkeit seine ware/sichtbare/vmbschriebene/Menschliche Natur an sich behalten/ die man schawen vnnd tasten kan/die da Fleisch vnnd Bein hat/welche ein Geist nicht hat. Darzu hat auch der HERR
Christus

LXXV.

Christus nie mit dem geringsten wort zuuerstehen geben/daß sein Leib an mehren den an einem ort zu einer zeit gegenwertig sein solte/ Auch niemals an mehren denn an einem ort/ auff eine zeit sich lassen sehen. Dargegen aber spricht er außdrücklich/ Er verlasse die Welt/wir werden jn nicht allzeit haben/vnd die Engel sagen/Er sey nicht im Grab/ sonder gehe vorhin in Galileam.   Nicht des da weniger aber ist dieser Mensch Christus allenthalben gegenwertig/ nit allein nach seiner aufferstehung vnd Himmelfart/wie er spricht/Ich bin bey euch alle Tage/ biß ans end der Welt/ Sonder auch zur zeit seiner nidrigkeit/ Deñ auch zur selben zeit war er im Himmel vnd im schoß des Vatters/ Gleich wie er auch schon zur selben zeit alle Menschen kante vnd wüste was in jhnen wer/ vnd den Vatter kante/wie der Vatter jhn kennet/vnd jm der Vatter alles zeigte was er thut/ vnd auch zur selben zeit jhm alles in seine Hand vom Vatter gegeben war/ also daß er alle werck des Vatters gleicher weise mit dē Vatter wirckte/vñ derwegen allwissend vnd Allmächtig auch zur selbē zeit war. Muß derhalben von jhm eins nach seiner Menschheit/ das ander nach seiner Gottheit verstanden werden.Denn so man dichten wil / daß er nach einer Natur zugleich allwissend gewesen/ vnnd etwas nicht gewußt/ Allmächtig vnnd schwach oder auch einer endlichen stercke/Allenthalben vnd nur an einem ort gewesen oder sey/ das ist nichts anders denn auß Ja/ Nein/vnd auß Nein/ Ja machen/vnd also Gottes vnnd der Menschen spotten.   Daß aber Christus nicht sagt/ Meine Gottheit/ oder ich nach meiner Gottheit/ Sonder sagt schlechts/ Ich bin bey euch biß ans end der Welt/das benim̄t dieser lehre nichts. Denn er sagt auch nicht/Mein Gottheit/ Sonder sagt/ Ich bin ehe denn Abraham war/ Er sagt auch

Ioh.16.28.
Ioh.12.8.
Matt. 28.
6.7.

Matt.28.
20.
Ioh.3.13.
Ioh.1.18.
Ioh.2.24.
25.
Ioh.10.15.
Ioh 5.20.
Ioh.3.36.
Ioh.5.19.

K iij   nicht/

nicht/ die Gottheit des Menschen/ Sonder sagt/ des Menschen Son war zuuor im Himmel/ ehe denn er auff Erden kam/ vnd haben dennoch seine Wort diesen verstand/ daß dieser Mensch/ nicht nach seiner Menschheit/ sonder nach seiner Gottheit von ewigkeit her/ vnnd zuuor im Himmel den auff Erden gewesen sey. Deñ ob gleich die Schrifft nicht zu allen solchen reden von der Person Christi/ diese erklärung setzet/ So ist es doch genug/ daß sie dieselben an etlichen orten außdrücklich gesetzt hat/ vns damit zulern/ wie sie die anderen dergleichen örte wolle verstanden habē/ da sie der einigen Person Christi/ jetzt Göttliche/ als warē Gott/ jetzt Menschliche eigenschafften/ als warem Menschen/ Ja auch Gotte/ was eines waren Menschen ist/ vnd dem Menschen Christo/ was des waren Gottes ist/ zuschreibt/ nicht darumb/ daß beide Naturen gleiche/ erschaffene vnd vnerschaffene/ viel weniger daß beide einerley/ erschaffene oder vnerschaffene eigenschafftē sollten haben/ Sonder darumb/ daß sie beide/ durch vnerforschliche verbündnuß/ Naturen vnd wesen des einigen Christi sind.

Vnd wie es sich mit der art vnd eigenschafft der Naturen helt/ also ist leicht zuuerstehen/ daß es sich auch halten müsse mit der wirckung. Nach der Menschwerdung Christi/ wircket vnd thut der ewige Son Gottes/ alle seine Göttliche werck in seiner angenomenen Menschheit/ vnnd derhalben nicht mehr/ wie zuuor/ allein als warer Gott/ sonder numehr als warer Gott vnnd Mensch/ daß man itzund nicht allein mag sagen/ sonder muß auch bekennen/ so man Christum nicht wil verleugnen oder trennen/ daß Gott alles dasjenige thu vnd leide/ was der Mensch JESVS thut vnd leidet/ vnd widerumb/ daß dieser Mensch JESVS alles

thu

chule vnnd wircke was GOTT thut vnnd wircket. Welles noch in Mutter Leibe lag/ Ja auch da er Tod am Creutz hieng/ vnd im Grabe lag/ erhielt vnnd regierete er mit dem Vatter vnd heiligen Geist/ Himmel vnnd Erden/ machte alles lebendig/ erhielt auch seine Todte Menschheit/ die er auch im Tode/ da Leib vnd Seel von einander getrennet waren/ nicht ablegte/ noch von jhm trennen ließ/ vnnd machte sie zu bestimter zeit wider lebendig/ wie er verheissen hatte/ daß er thun wolte. Denn je dieser Mensch von jhm selbest sagt/ Er wircke von anbegin mit dem Vatter/ in gleicher macht vnd weise/ alle Göttliche werck/ Dieser Mensch giebt den heiligen Geist/ welches je keine Creatur kan thun. Wircket derhalben in dem Amt vnnd in den wercken CHRISTI/ ein jede Natur nach jhrer art vnnd eigenschafften/ nicht die Menschliche durch die Göttliche/ sonder die Göttliche durch die Menschliche/ doch was durch eine Creatur geschehen mag. Denn das geschöpffe wircket nicht durch den Schöpffer/ sonder der Schöpffer durch das geschöpff/ als durch seinen werckzeug/ doch dasselbe/ darzu er diesen werckzeug hat gemacht vnd geordnet. Denn wie auch in einem Menschen die Seele/ von wegen der edlen Natur vnnd wirckung des verstands oder gemüts/ verstehet vnd wil/ durch sich selbst/ nicht durch den Leib oder ein teil des Leibes/ wie sie bewet/ entpfindet/ höret/ sihet/ vnd andere mit den vnuernünfftigen Thieren gemeine kräfften vnd wirckungen durch leibliche werckzeug vbet/ Also viel mehr hat die Ewige vnbegreiffliche Allmächtige GOTTheit/ neben denen die sie durch die erschaffene Natur wircket/ auch andere viel höhere vnnd Edlere wirckungen/ die nicht anders denn durch jhr Göttliches wesen selbest können geschehen/

Sonst

LXXVIII.

Sonst wurde folgen/daß Christus durch seine Seel oder Leib den heiligen Geist gebe/Item/daß die ewige allwissende Gottheit alles wüste vnd verstünde durch jhre Menschheit/welches alles Gottloß were zugedencken.   Denn Christus mit seiner Gottheit auch seine eigene Menschheit erhelt/erleuchtet/regiert/vnd brauchet nach gebür seiner Person/amts/vnd Göttlichen Malestet.   Die Gottheit salbet mit dem heiligen Geist/die Menschheit wird mit dem Geist gesalbet. Vnd ist dennoch ein einiger Christus/der da salbet/vnnd der gesalbet wird. Vnd wird derhalben recht vnd mit warheit gesagt/daß dieser Mensch Jesus sich selbst/oder seine Menschheit/mit dem heiligen Geist salbe/vom Tode erwecke/ɾc. Aber nicht/daß die Menschheit sich selbest salbe oder erwecke.

Zu erklärung obgesetzter lehre/glauben vnd bekennen wir/dreierley gleichheit/vnnd vngleichheit/oder vnterscheid/in Christo/die erste/Die er hat in vnd mit jm selbest/Die ander/die er mit vns hat/ Die dritte/die er mit Gott hat.

Ihm selbest ist vnnd bleibt er/Erstlich allzeit gleich/nicht allein vor vnd nach seiner Menschwerdung vnd verklärung/sonder auch von ewigkeit zu ewigkeit/nach seinem vnwandelbaren Göttlichen wesen/Denn er also ist Mensch worden/daß er warer Gott ist blieben/vñ bleibet wie zuuor. Zum andern/seine ware Menschheit bleibt jhr selbest gleich/so viel jhr wesen vnd wesentliche eigenschafften belanget/vor vnnd nach seiner erhöhung vnd Herrligkeit/wie er selbest von sich

Lc. 24, 39 zeuget/Sehet meine Hende vnd meine Füsse/ich bins selber/fület in sich/vnd sehet.

Ein vnterscheid aber ist in der Person Christi vor vnnd nach der Menschwerdung / Erstlich daß er zuuor nicht Mensch/sonder allein warer Gott samt dem Vatter vnnd
heiligen

LXXIX.

heiligen Geiste wer/ vnd derwegen allein war vnd thet/ was Gotte geziemet/ jetzund aber ist er zugleich warer Gott vnd warer Mensch/ ist vnd thut derhalben beides/ was Gotte/ vnd was einem waren Menschen gebüret. Zum andern/ daß seine zwo Naturen Ewiglich mit jhrem wesen vnd wesentlichen eigenschafften vnnd zugehörenden wirckungen/ vnterschieden vnd einander vngleich bleiben. Die Göttliche ist vnerschaffen/ vnendlich an wesen/ macht/ weißheit vñ allen jren eigenschafften/ als die nichts anders sind/ denn jht wesen selbest/ weiß alles durch sich selbest/ thut Göttliche vnd allmächtige werck/ Die Menschlich ist erschaffen/ endlich an wesen vnd eigenschafften/ hat jhr wissen vnnd vermögen vnd wirckung von der Gottheit/ nach jhrer art vnd maß/ vnnd nach dem willen vnd gebür der gantzen Person Christi/ vnnd sind jhre weißheit/ stercke vnnd alle eigenschafften nicht das wesen der Gottheit/ auch nicht das wesen der Menschlichen Natur selbst/ sonder in der Menschlichen Natur von Gott erschaffene gaben. Zum dritten ist auch mercklicher vnterscheid/ zwischen seiner nidrigkeit vnd herrligkeit oder verklärung/ oder erhöhung in seinem Königreich vnd Priesterthum. Vor der Herrligkeit / war er nach seiner Menschheit sterblich/ vnd allen vnsern schwachheiten/ außgenomen die Sünde/ vnterworffen/ vnd erzeigte sich die in jhm wonende Gottheit nicht also/ wie hernach.   Jetzund aber ist er nicht allein vnsterblich/ vnnd keiner Menschlichen schwachheit vnd gebrechen mehr vnterworffen/ Sonder vbertrifft/ auch nach seiner Menschheit/ mit weißheit/ sterck/ herrligkeit vnnd Himmlischem glantz/ alle Engel vnd Creaturen/ vnnd erzeiget sich in dem Himmlischen wesen/ durch diese Herrligkeit der Menschlichen Natur/ die Gottheit in jhm/ als in dem Haubt der

f

Engel

LXXX.

Engel vnd Menschen/ vnnd HERREN aller Creaturen. Vñ hat er solche Herrligkeit nicht zuuor gehabt/ vñ/ wie etliche dichten/ verborgen/ gleich wie er die Allmächtigkeit seiner Gottheit allezeit gehabt/ aber nicht allezeit offenbart vnd gebraucht/ Sonder hat sie erst mit der that entpfangen in seiner aufferstehung vnd Himmelfahrt. Denn er hat zuuor müssen leiden/ vnnd also zu seiner Herrligkeit eingehen/ war nicht zugleich an seiner Menschheit schwach vnd starck/ sterblich vnd vnsterblich/ hungerig vnd sat/ traurig vnd frölich/ lebendig vnd todt/ rc.

Luc. 24. 26.
Philip. 2. 7.8.9.10.
1. Pet. iij.
Hebr. 2. 9.

Mit vns hat er diese gleichheit/ Erstlich daß er ein warhafftiger/ Natürlicher/ vmbschriebener/ sichtbarer/ greifflicher/ vnnd alle eigenschafften eines waren Menschen an sich habender Mensch/ ist vnd Ewiglich bleibet. Zum andern/ daß er auch wie wir/ durch schwachheit/ Tod vnd schmach/ in die Himmlische freud/ leben vnd Herrligkeit eingangen ist/ Also daß wir jm als seine Brüder gleich sollen werdẽ in der Herrligkeit/ wie wir jm jetzund gleich sind in der schwachheit. Dargegen aber ist auch vnter jm vnd vns/ Ja allen heiligen Engeln vnd Menschen vnd allen Creaturen/ ein vielfaltiger grosser vnd vnaußsprechlicher vnterscheid vñ vngleichheit. Erstlich/ ist dieser Mensch Jesus/ warer vnnd Ewiger Gott/ darumb daß die ander Person der Gottheit/ mit seinem Leib vnnd Seel/ durch heimliche/ vnd vnerforschliche vereinigung/ ein einige Person ist. Vnnd diß ist der aller höchste vorzug der Menschlichen Natur Christi/ vor allen Engeln vnnd Menschen/ daß sie mit dem Ewigen Sohn GOttes Persönlich vereiniget/ das ist/ Eine Person/ vnnd ein Christus/ vnnd ein Son Gottes ist/ wie geschrieben stehet/ Der ander Mensch ist der HERR vom Himmel/ Item/ Zu welchem Engel hat

Phil. 3. 21.
1. Ioh. 3. 2.

Hebr. 2. 10. 11.12. &c.
Rom. 8. 29.

1. Cor. 15. 47.

er je gesagt/du bist mein Son/ꝛc. Zum andern/Ist neben der Hebr.1.
Gottheit dieses Menschẽ/auch seine Menschliche Natur mit
jrer erschaffenen weißheit/ gerechtigkeit/ krafft/ glantz vnnd
Herrligkeit/vñ allen gaben des heiligen Geistes/viel weiter
vber alle Engel vnd Menschen gezieret/ denn vnsere gedan-
cken können fassen. Darumb er auch vom heiligen Geist em-
pfangen/auß einer Jungfraw geboren/vnd auch nach seiner
Menschheit/nicht wie wir sind/auß gnaden zum Son Got-
tes angenomen/ als der zuuor nicht Gottes Son gewesen
were/ sonder durch vereinigung mit der ewigen Gottheit/
Gottes Son ist/ Auff daß er/ als der Erstgeborne vnter sei-
nen Brüdern/nicht nur etliche/ wie die andern heiligen/ son-
der alle gaben des heiligen Geistes/vnnd dieselben vollkomen
vnd vberschwencklich für allen andern heiligen Engeln vnnd
Menschen hette / wiewol auch zur zeit seiner schwachheit/
doch sonderlich nach seim eingang in seine Herrligkeit. Vñ
ist in diesem verstand war/ daß das fleisch Christi ein geistlich
fleisch sey/ dieweil es vom heiligen Geist/ nicht geboren (wie
etliche sagen) sonder entpfangen ist/ nicht also daß es ein vn-
sichtbar/vnbefindlich wesen hette wie ein Geist hat (denn sol-
ches verneinet der HERR Christus selbst außdrücklich Lu-
ce am 24) sonder daß es mit allen gaben des heiligen Geistes
gezieret ist/vnd vns/wenn wir jhm eingeleibet werden/jm sel-
best gleichförmig macht. Zum dritt vbertrifft er alle Creatu-
ren mit seinem hohen amt/ das dieser gantzen Person/ mit
jhrer Gottheit vnd Menschheit/ doch nach beider Naturen
art vnd wirckung/zuerrichten von GOTT dem Vatter
aufferlegt vnd befolhen ist/ Nemlich/ daß er allein der Mitler
vnnd versöner der Menschen mit GOTT/ das Haubt Phil.1.22
vnnd der Himmlische/ Ewige König/ der Engel vnnd der 23.
L ij Menschen/

LXXXII.

Menschen/ Richter der lebendigen vnnd der Todten/ vnd in
summa/ der jenige ist/ durch den der Vatter alles erhelt/ re-
giert/ wircket/ in Himmel vnd auff Erden/ sonderlich aber in
der gemein der Ausserwelten/ die glieder vnd vnterthanen
dieses Haupts vnd Königs sind. Darumb auch er alle seine
gaben vnnd Herrligkeit durch seine eigene/ wir aber nicht
durch vnsere/ sonder durch seine/ wirdigkeit krafft vnnd wir-
ckung entpfangen. Zum vierdten/ Sind diesem Menschen
Christo/ von seiner Gottheit/ vnnd hohen amts wegen/ alle
Engel vnd Menschen/ Göttliche ehre zuerzeigen schuldig/ jn
anzubeten vnd zuuerehren gleich wie den Vatter.

Ioh. 5. 22.
Col. 1. 17.
Hebr. 1. 3.

Ioh. 5. 23.

Diese seine Herrligkeit vnnd Hoheit/ damit er alle
Creaturen vbertrifft/ sonderlich so viel das erste vnd fürnem-
ste stück derselben/ das ist/ seine Ewige Gottheit belanget/
hat der Mensch Christus gehabt von seiner entpfengnuß an/
in Mutter Leib. So viel aber die erschaffenen gaben vnd er-
zeigung der Gottheit in der Menschheit belanget/ hat er die-
selbe erst volkömlich bekomen da er vom Tod erstanden vnd
gen Himmel gefahren ist. Darumb lehret die Schrifft
vnnd die Artickel vnsers Christlichen glaubens/ daß er als
denn erst/ nicht zu seiner/ des Sohns/ rechten/ (wie etliche
fürgeben/ die vns schmähen/ vnnd eine newe lehre vber
die ander schmiden) sonder zu der Rechten seines Vatters/
sich gesetzt hab/ im Himmel/ da er auch nach seiner Mensch-
heit/ das Regiment im Himmel eingenommen/ vnnd an-
gefangen sich nicht mehr als einen Knecht/ sonder als ei-
nen HERREN Himmels vnnd der Erden vnnd aller
Creaturen/ zuerzeigen/ vnd als dieselbe Person/ durch die der
Vatter alles regieret/ vnnd auch den heiligen Geist sen-
det. Denn diese aller höchste vnnd vollkomene Ehr vnd
Herrligkeit

Mar. 16. 19
Luc. 22. 69
Act. 7. 55.
Rom. 8. 34
Eph. 1. 20.
Col. 3. 1.
Hebr. 1. 3.
8. 1. 10. 12.
12. 2.
1. Pet. 3. 22.
Psal. 110. 1.

Herrligkeit CHRIsti/ wirdt genennt das sitzen zur rechten Hand Gottes/ zur rechten der Maiestät/ zur rechten der krafft Gottes.

Letzlich/ hat der Son Gottes Christus/ nicht allein ein gleiches/ sonder auch ein einiges Göttliches wesen/ vnnd derwegen einerley Göttliche eigenschafften vnd Wirckung/ mit dem Vatter vnnd heiligen Geist/ nach seiner ewigen Gottheit.

Ist aber auch vnterschieden von dem Vatter vnd heiligen Geist/ erstlich seiner Person halben/ dañ er nicht der Vatter/ nit der heilige Geist/ sond die ander Person der Gottheit/ nemlich der ewige Son Gottes ist. Zu andern/ seiner menschwerdung halben. Dann nicht der Vatter/ nit der H. Geist/ sondern allein der Son ist Mensch wordē. Zum dritten/ seines Mittleramts halben/ Dañ nicht der Vatter oder H. Geist/ sonder der Sohn ist vnser Mittler vnnd Versöhner worden. Zum vierden ist er auch an seiner Menschheit von Gott dem Vatter vnnd dem H. Geist vnterschieden vnd denselben vngleich/ wie er auch von jm selbst/ das ist/ wie seine menschheit/ von seiner Gottheit vnterschieden ist vnnd bleibet/ Also/ daß das wesen vnd alle eigenschafften der Menschheit/ erschaffen sind/ vnd derwegen nicht vnendlich/ wie das wesen der Gottheit/ welcher solches allein zugehöret/ sonder endlich/ Vnnd daß das wesen vnnd die eigenschafften der Menschheit/ nicht ein ding sind/ wie die Göttliche eigenschafften das Göttliche wesen selbst sind. Dann diß ist je gewiß vnd sicher/ daß nichts vnendlichs ist/ dann allein die einige ewige Gottheit/ vnd kein erschaffene Allmächtigkeit/ Allwissenheit/ oder was dergleichen sein möchte/ zufinden ist/ weder in Christo noch anderswo. Nun sind aber neben der vnerschaffenen/ wesentlichen/

Gott-

LXXXIIII.

Göttlichen wiſſenheit vnnd Allmächtigkeit in Chriſto/auch Menſchlicher ſtärck vnnd kräfften Leibs vnnd der Seelen/ Menſchlicher verſtand vnd wiſſenſchafft von Gott vnd ſeinen Wercken/vñ alle gaben des heiligen Geiſts/welche keins wegs das Göttliche weſen ſelbſt/ ſonder von Gott erſchaffene ding/vnd derwegen auch mit nichten vnendlich vnd vnermäßlich/das iſt/ der Göttlichen Allmächtigkeit vnd Allwiſſenheit gleich/ Ob ſie ſchon vberſchwencklich gröſſer vnnd höher ſind/dann in allen Engeln vnd Menſchen. Derhalben/da der Menſch CHRIſtus vorhin/zur zeit ſeiner nidrigung/zugleich ſterblich/ vnnd doch das Leben ſelbeſt war/da iſt er jetzund/nach ſeiner Erhöhung/vnſterblich vnnd das Leben. Da er zuuor ſchwach/vnd Allmächtig war/da iſt er jetzund keiner ſchwachheit vnterworffen/ ſonder ſtärcker dann alle Creaturen/vnnd zugleich Allmächtig. Da er zuuor viel nicht wuſte/vnnd dannoch Allwiſſend war/da weiß er vnnd kan er jetzund wiſſen/ alles was/wann/ vnd wie er nach art ſeiner Menſchlichen Natur wil/vnd zugleich Allwiſſend. Vnd ſolches iſt gantz gnug zu der Herrligkeit vnd Hoheit der angenommenen Menſchheit CHRIſti. Iſt nicht not/daß die erſchaffene wiſſenſchafft/ der vnerſchaffenen gleich gemacht werde/weder zur Herrligkeit/noch zur einigkeit dieſer Perſon. Dann für vnd für/alle Augenblick/ohne alle enderung vnnd abwechſſelung der Wirckung/alles was da iſt/ was von Ewigkeit geweſen iſt/vnnd biß in Ewigkeit ſein wirdt/ vnnd ſein möchte/oder nicht möchte/anſchawen vnnd gedencken/iſt ein ſolche eigenſchafft/die allein der ewigen Gottheit vnd keiner erſchaffenen Natur zuſtehet.

Muß derhalben behalten vnnd bekannt werden der vnterſcheid der Menſchheit CHRIſti/ nicht allein zwiſchen

ihr

ihr vnnd allen Creaturen / sondern auch zwischen jhr vnd der
Gottheit / nicht nur in der nidrigung / Da er sagte / der Vat= Ioh.14.28.
ter ist grösser dann ich / nemlich / von wegen der Menschheit /
von wegen der nidrigung in der Menschheit / vnnd von we=
gen des Mittleramts / welches alles der Sohn / vnnd nicht
der Vatter / hat an vnd auff sich genommen / Sondern auch
in der Herrligkeit / von welcher Paulus saget / Wann aber 1.Cor.15.
alles jhm vnderthan sein wirdt / als dann wirdt auch der 28.
Sohn selbest vnderthan sein / dem der jhm alles vnterthan
hat / Auff daß GOTT sey alles in allen / das ist / er wirdt
die vnterthänigkeit vnnd vngleichheit seiner Menschheit ge=
gen der Gottheit erzeigen / auff daß der vnermäßliche vnnd
vnaußsprächliche vorzug der Gottheit für allen Creaturen /
in Ewigkeit erscheine vnd offenbar werde.

 Eben diese / bißher erzelte / vnnd auß Gottes wort er=
wiesene Lehre / von der einigkeit der Person CHRISTI /
vnnd dem waren vnterscheid Göttlicher vnnd Menschli=
cher Natur in CHRisto / hat die gantze Christenheit von
der Apostel zeiten / biß anher geglaubet vnnd bekannt / vnnd
haben alle Christliche alte Lehrer / mit grosser einhelligkeit
vnnd hefftigkeit / wider die alten Ketzer / diese Lehre getrieben
vnnd erstritten. Von der Persönlichen vereinigung beyder
Naturen ist vnnot besondere Zeugnuß allhie zuwiderholen /
Dieweil solche Lehre / auß denen Zeugnussen / die zuuor von
der waren Gottheit CHRisti angezogen sind / offenbar ist /
Auch von derselben / so viel in der Vätter Bücher geschrieben
ist / daß weder die Ketzer / noch vnsere Widersacher / der Vät=
ter meinung in disem stück in zweiffel zieht. Von dem waren
vnd allzeit bleibenden vnterscheid beyder Naturen / sind auch
Zeugnuß vberig gnug von andern vnnd von vns zuuor in
vielen

vilen außgegangen Schrifften/ angezogen/ vñ die sach auch in diesem stück so fern bekannt vnd am tage/ daß niemand/ der die Bücher der Vätter/ oder nur auß denselbigen angezogene ort/ gelesen/ nunmehr daran kan zweiffelen.

In Symb. Ruffinus sagt also. Er ist hinauff gefahren gen Himmel/ nicht da das Wort/ welches Gott ist/ zuuor nicht war (dann diß war allzeit im Himmel vnnd bleib in dem Vatter) sonder da das Wort im Fleisch noch nicht saß.

De fide Lib.2. Cap.4. Ambrosius/ Gott gehet nicht von einem ort ans ander/ als der allzeit allenthalben ist. Der Mensch ists/ der hin gehet/ der ists auch/ der da komt. Nach der Natur gehet er hin/ vnd komt/ die er mit vns gemein hat.

In Iohan. Lib. 11. Cap.21. Cyrillus/ Die Jünger meinten/ das abwesen Christi (ich sage/ als eines Menschen/ dann Gott ist vberall) würde jnen grossen schaden bringen. Solten aber verstanden haben/ weil Christus warhafftig Gott vnnd Mensch ist/ daß er mit der vnaußsprächlichen macht Gottes allzeit bey jhnen sein werde/ ob er schon mit dem Fleisch abwesend were. Item

In Iohan. Lib.9. Cap.21. Wie er den Himmel erfüllete/ weil er auff Erden als Mensche wandelte/ Eben also auch jetzund/ da er mit dem Fleisch im Himmel ist/ erfüllet er die Erde/ vnnd ist gewesen vnd wird allzeit sein bey denen die jn lieben/ nicht mit dem Leibe/ sonder mit der Krafft seiner Gottheit.

Dial.2. Theodoretus/ Der Leib des HERRN ist wol nach seiner Aufferstehung keiner zerstörung/ keinem leiden/ keinem Tod vnterworffen/ vnnd mit Göttlicher Herrligkeit gezieret/ vnd wird von den Himlischen krässten angebettet/ ist aber dannoch ein warer Leib/ vnd wie er zuuor war/ vmbschrieben.

Dial 3. Item/ Wir lehren ein solche vereinigung der Gottheit vnd der Menschheit/ daß wir verstehen ein einige vnzertrente
Person/

Person/vnnd wissen daß eben einer sey Gott vnnd Mensch/ sichtbar vnd vnsichtbar/ vmbschrieben vnd vnumbschrieben/ Vnnd also alle andere eigenschafften der Gottheit vnnd der Menschheit/ dieser einigen Person zuschreiben.

Dieser zeucht auch an diß Zeugnuß Seuetiani/ Chri‑   Dial. I. stus ist vom Himmel vnd von der Erden/ begreifflich an einem ort/ vnnd allenthalben vnbegreifflich/ sichtbar vnnd vnsichtbar/ vom Himmel nach der Göttlichen Natur/ von der Erden nach der Menschlichen Natur/ Sichtbar nach dem Fleisch/ vnsichtbar nach dem Geist/ Begreifflich oder vmbschrieben nach dem Leib/ vnbegreifflich oder vnumbschrieben nach dem Wort.

Auch zeucht er an Eustathium/ der also spricht/ Der   Dial.2. Leib Christi ward ans Creutz gehengt/ aber die Gottheit war zugleich in jhrem Leib/ vber allen Himmeln/ auff dem gantzen Erdbodem/ in allen Abgründen/ vnnd durchdrang vnnd vrtheilte alle Seele/ vnd wircketezugleich alles nach Göttlicher weise vnd art. Dann die allerhöchste Weißheit läst sich nicht einschliessen in die maß vnd grösse des Leibs/ Sonder weil sie ein Göttliche vnnd vnaussprächliche krafft ist/ vmbschreibet vnd begreifft sie das innerste vnnd das eusserste jhres Tempels/ das ist/ jhrer Menschheit/ vnd erstrecket sich so viel weiter vber dieselbe/ daß sie alle grösse vnd massen vmbschreibet vnd in sich begreifft.

Augustinus/ Da ich bin (spricht der HERR) könnet   In Iohan. jr nicht hin kommen. Dann Christus war allezeit daselbst/   Tract.31. dahin er wider gehen solte. Darum spricht er anderswo/ Niemand fähret gen Himmel/ dann der vom Himmel hernider kommen ist/ des Menschen Son/ der im Himmel ist. Er hat nie gesagt/ der im Himmel gewesen ist. Er redte auff Erden/ vnnd

M   sagte

sagte doch/er were im Himmel. Er ist also vom Himmel kommen/daß er von dannen nit ist gewichen/Also ist er auch wider hingangen/daß er vns nicht hat verlassen. Was dürfft jhr euch des wundern? Gott thut solches/Dann der Mensch ist nach dem Leibe an einem gewissen ort/vnnd weichet von seinem ort/Vnd wann er an ein ander ort ist kommen/so ist er nicht mehr an demselben ort/von dem er kommen ist. Gott aber erfüllet alles/vnnd ist sein gantzes wesen allenthalben/von keinem ort vmbfangen. Item/Von denen er als ein Mensch hinweg gieng/dieselbigen verließ er nicht als Gott/dann eben ein Christus/ist Mensch vnnd Gott. Darumb gieng er hin nach der Natur/nach welcher er Mensch war/vnd die nur an einem ort war/vnd bleib hie nach der Natur/nach welcher er GOtt war/vnnd die allenthalben war. Item/Nach der Menschheit soll man nicht meinen/daß CHRIstus allenthalben zugegen sey. Dann man muß sich hüten/daß man nicht also die Gottheit des Menschen vertheidige/daß man die Warheit des Leibes verleugne. Es folget aber nicht/das alles was in GOtt ist/auch allenthalben sey wie GOtt. Dann auch wir leben/weben vnnd sind in jhm/vnnd sind doch nicht allenthalben. Aber anders ist dieser Mensch in GOtt/wie auch GOtt anders in diesem Menschen/Nemlich auff eine eigene/besondere weise. Dann GOtt vnnd Mensch ist eine Person/vnd beydes ein CHRIstus JEsus/welcher allenthalben ist/nach der GOttheit/aber im Himmel nach der Menschheit.

De Verb. Domini in Iohan. Serm.8.

Ad Dardan.

Epist.ad Flauian. Cap 4.

Leo/Es wircken (in Christo) beyde Naturen mit einander/was jeder Naturen eigen ist/also/daß das Wort thue was dem Wort zustehet/vnnd das Fleisch verrichtet/was dem

dem Fleisch zugehöret. Die eine Natur/erzeiget sich durch Wunderwerck/die ander leidet gewalt. Vnd wie das Wort von der gleichheit der Herrligkeit des Vatters nicht ist gewichen/Also hat das Fleisch die Natur vnsers Geschlechts nicht verlassen.

Vigilius/Wie man von einem Menschen sagt/daß er sihet/höret/reucht/schmäcket/fület/vnnd ob er schon mit Augen nicht höret/vnnd mit den Ohren nicht sihet/so bleibet er dannoch ein einige Person/Also sollen wir auch glauben/daß CHRJstus ein einige Person sey von zweyen Naturen/nach deren einer er an einem gewissen ort ist/vnd nach der andern allenthalben/vnnd ob gleich die Menschheit nicht allenthalben ist/noch die Gottheit mit gewissem ort vmbgeben wirdt/bleibet dannoch die einigkeit der Person vnuersehret vnd vngetrennet. *Lib. 1. contra Eutychen.*

Fulgentius/Gott selbst/vnd der heiligen Vätter warer vnd rechter Glaube/bezeugen/daß der Son Gottes nach seiner Göttlichen Natur vnendlich/vnermäßlich/allenthalben gegenwertig sey/alles erfülle/jetzund sehe alle gedancken vnd werck/vnd werde dieser aller ein Richter vnd Vergelter sein. Weil aber eben derselbe Son Gottes/der warer Gott von Gott dem Vatter geboren ist/vmb vnsern willen auch warer Mensch von einem Menschen ist worden (dann er ist geboren auß dem Samen Dauids nach dem Fleisch/vnnd hat warhafftig in sich die Göttliche vñ Menschliche Natur) So hat er/was der waren Gottheit eigen war/nicht verloren/vnd was der waren Menschheit eigen ist/an sich genommen. Eben einer/vnd derselbige/ist von der Mutter in der zeit geborñ nach dem Fleisch/der nach der Gottheit vom Vatter *Ad Thrasim. Lib. 1.*

M ij

ewiglich ist. Eben einer vnd derselbe ist mit gewissem ort vmb-
schriebener Mensch von dem Menschē/der vnendlicher Gott
ist von dem Vatter. Eben einer/vnnd derselbe war nach dem
wesen der Menschheit abwesend im Himel/weil er auff Er-
den war / vnnd verließ die Erde/ da er hinauff gen Himmel
fuhr/ der nach dem vnendlichen wesen der Gottheit/ weder
den Himmel verlassen hat/da er herab gestiegen ist / noch die
Erde/ da er gen Himel ist gefahren.

    Solcher Zeugnuß der vralten Christlichen Lehrer ist
leicht ein gantz Buch voll auffzubringen. Diese wenige ha-
ben wir allhie gesetzt allein vmb des gemeinen Christlichen
Lesers willen/so der Vätter oder andere Schrifftē nit durch-
sehen/auff daß auch die Einfältigen vñ Leyen köndten sehen/
daß eben vmb dieser Lehre willen von Christo/ welche in der
rechtglaubigen Christlichen Kirche allezeit gelehret/ geglau-
bet/gestritten/ vnd wider alle Ketzer ist erhalten/wir je-
tzund so vnbillicher weise für Ketzer/ Vn-
christen vnd Türcken werden
gescholten.

Bekannt-

Bekanntnuß
Vom heiligen Abend-
mal vnsers HERREN
Jesu Christi.

Jeser vnser HERR vnd Mitler Jesus Christus der Son Gottes/ von dem wir jetzund auß Gottes Wort bekant vnd erwiesen/ daß er warer Gott von ewigkeit auß dem Vatter/ vnd warer Mensch auß Maria der Jungfrawen geboren sey/ Ist vns von Gott gemacht zur Weißheit/ vñ zur Gerechtigkeit/ vnd zur Heiligung vnnd zur Erlösung/ Aber mit diesem bescheid vnd geding/ daß wir jn vñ seine wolthaten mit rechtem glauben annemen/ vnnd vns zueignen/ vnnd durch solchen glauben/ jhm/ als dem Haubt seine glieder/ eingeleibet werden. Denn Gott wil vns zu gnaden annemen/ vnd für seine Kinder erkennen/ die genugthůung Christi für vnsere Sünde/ vns zur Gerechtigkeit zurechnen/ vnd durch jhn das Ewige leben schencken/ Aber nicht anders/ deñ also/ daß dieser sein eingeliebter Son in vns/ vnnd wir in jhm/ seien vnnd Ewig bleiben. Denn also spricht der HERR selbst/ Ich bin der rechte Weinstock/ vnnd mein Vatter ist der Weingartner. Eine jegliche Rebe an mir/ die nicht frucht bringet/ wird er wegnemen/ vnnd eine jegliche die da frucht bringt/ wird er reinigen/

1.Cor.1.30

Joh.15.

M iij

XCII.

reinigt/daß er mehr frucht bringe. Bleibet in mir/vnd ich in euch. Gleich wie die Rebe keine frucht kan bringen von jhr selber/sie bleibe denn am Weinstock/ Also auch jhr nicht/jhr bleibet denn an mir. Ich bin der Weinstock/jhr seit die Reben. Wer in mir bleibet/vñ ich in jhm/der bringet viel frucht/ Denn ohne mich könnet jhr nichts thun. Wer nicht in mir bleibet/der wird weg geworffen/wie ein Rebe/vnd verdorret/ vnnd man samlet sie/vnnd wirfft sie ins Fewer/vnnd muß brennen.

Diese einleibung aber der ausserwelten in Christum geschicht also/vermög heiliger Schrifft/ daß wir/ wenn wir in CHRIstum glauben/ auch zugleich den Geist Christi empfangen/ welcher in CHRISTO vnd in vns wohnet/ vnnd derhalben vns mit jhm also verbindet vnnd vereiniget/ daß er durch diesen seinen Geist/ nach seiner GOTTheit/ samt GOTT dem Vatter in vns warhafftig ist/ wohnet vnnd wircket/ nach seiner Menschheit aber nicht in vnserm Leib oder Seelen ist/ wie auch vnsere Leibe nicht innerhalb seines leibes sind/ sonder er mit vns) vnnd wir mit jhm durch den heiligen Geist verbunden sind/ wie das Haubt vnsers Leibs mit den gliedern/ vnnd die glieder mit dem Haubt/ durch jhre Adern zusammen gehafftet vnnd gefüget sind/ vnnd also jhr leben/ bewegung vnnd wirckung/ auß dem Haubte bekomen/ ob gleich nicht das Haubt in den gliedern/ noch die glieder in dem Haubt/ sonder an dem Haubte sind/ vnd ein jedes an seinem orte in dem Leibe stehet vnd bleibet/ wie auch das Haubt an seinem ort. Diß zeuget Paulus/ mit diesen worten/ Lasset vns rechtschaffen sein in der liebe vnnd wachsen in allen stücken/ an den der das Haubt ist/ CHRISTUS/ Auß welchem der gantze Leib zusammen

Eph.4.15.

sammen gefüget/ vnnd ein glied an dem andern hanget/ durch alle gelencke/ dadurch eins dem andern Handreichung thut/ nach dem werck eines jeglichen gliedes in seiner maß/ ꝛc. Solche wonung CHRJSTJ aber in vns vnnd vereinigung mit vns/ ist keines wegs müssig oder one frucht/ Sonder es wircket CHRJSTVS durch seinen Geist in vns Ewiges leben/ Trost/ Gerechtigkeit/ Liecht vnnd Freude/ wie er in seiner Menschlichen Natur wircket. Diß lehret vns Paulus/ da er spricht/ Wer dem HERRN anhanget/ der ist ein Geist mit jhm/ das ist/ er hat einen Geist/ vnnd wird durch einen Geist mit jhm lebendig gemacht vnnd regiert. Item/ So der Geist des/ der JESVM von Rom.8.11. den Todten aufferwecket hat/ in euch wohnet/ So wird auch derselbe der CHRJSTum von den Todten aufferwecket hat/ ewer sterbliche Leibe lebendig machen/ vmb deß willen/ daß sein Geist in euch wohnet. Das ist/ der Geist des Vatters vnd des Sons/ ist in vns nicht müssig/ auch jhm selbst nicht vngleich/ Sonder/ er vnd der Vatter vnnd der Sohn durch jhn/ wircken eben solches leben vnnd Herrligkeit/ wie sie in CHRJsto wircken/ vnnd machen die glieder jhrem Haubte gleichförmig vnd gemäß/ wie der Apostel anderswo saget/ daß der HERR vnsern nichtigen Leib verklären wird/ daß er ehnlich werde seinem verklärten Leibe/ nach Phil.3.21. der wirckunge/ da er mit kan auch alle ding jhm vnterthemig machen. Diß aber ist die wirckung der Allmächtigkeit. Die Allmächtigkeit aber ist nichts anders denn die ewige wesentliche Gottheit. Ist derhalb diß so viel gesagt/ als weñ er spräche/ durch die wirckung seiner Gottheit vnnd seines Geistes/ durch welchen der Vatter vnnd der Sohn in vns wircken/ wie auch Johannes spricht/ Daran erkennen wir/ daß 1.Io.4.13.

wie

wir in jm bleiben/ vnd er in vns/daß er vns von seinem Geist gegeben hat. Durch diese wonung aber des Geistes Christi in vns/ werdē wir nicht allein mit vnser Seelen/ sonder auch mit vnserm Leibe/ nicht allein des Geistes vnd der Gottheit/ (wie vns etliche mit vngrund auffdichten/ daß wir solten lehren) sonder auch der Menschheit vnd des waren Leibs Christi theilhafftig/ nicht durch eingehen oder inwohnung seines Leibs in vnserm Leibe/ sonder durch diese wunderbarliche einleibung/ verbindung/ vnd vereinigung/ vnd endliche gleichförmigkeit vnsers Leibs mit seinem Leib/ wie solches Paulus

1. Cor. 6, 15
19.

an obgemeldtem ort klärlich lehret/ Wisset jhr nicht/ (spricht er) daß ewre Leibe Christi glieder sind? Vnd bald hernach/ Oder wisset ihr nicht/ daß ewer Leib ein Tempel des heiligen Geistes ist/ der in euch ist/ welchen jhr habt von Gott/ vnd seit nicht ewer selbst?. Item/ Jr seit der Leib Christi/ vnd glieder/

1. Cor. 12.
27.
Ephes. 5.
30.

ein jeglicher nach seinem theil. Item/ Wir sind glieder seines Leibs/ von seinem Fleisch/ vnd von seinem gebeine. An diesen vnd dergleichen orten lehret vns je Gottes Wort offentlich/ daß darumb vnd also/ Christus in vns/ vnnd wir in jhm sind vnnd bleiben/ daß er vnser Haupt vnnd wir seine glieder sind. Darumb aber vnnd also sind wir seine glieder/ daß wir ein Tempel vnnd wohnung seines Geistes/ vnnd derhalben jhm eingeleibet sind/ vnd eines Geistes mit vnd auß jhm geleben/ wie die glieder vnsers Leibes vnserm Haupte sind eingeleibet/ vnnd eines Geistes mit vnnd auß dem Haupt geleben/ so lang sie an dem Haupte bleiben.

Diß ist nu die gemeinschafft Christi/ daß wir nemlich/ des HERREN Christi selbst teilhafftig werden/ er in vns ist/ vnd wir in jm vnd an jhm sind/ vnd vmb seinen willen vnd durch jn haben vergebung der Sünden/ heiligen Geist/ ewi-

ges

ges leben vnd Gerechtigkeit. Diese gemeinschafft/sagt Johannes/haben alle glaubigen mit dem Vatter vnd mit dem Son Jesu Christo. Denn so wir im liecht wandeln/wie er jm liecht ist/so haben wir gemeinschafft mit jhm/vnnd reiniget vns das Blut Jesu Christi von aller Sünde. Zu dieser gemeinschafft seines Sohns Jesu Christi/spricht Paulus/hat Gott die glaubigen beruffen/diese gemeinschafft nennet er auch die gemeinschafft des Geistes/vnd Petrus/die gemeinschafft der Göttlichen Natur/Nicht der meinung/als wenn der Geist vnd die Gottheit Christi/vñ seine Menschheit oder Fleisch/ein ding weren/Sonder darumm/daß wir der Menschlichen Natur nicht können eingeleibet werden/es sey denn daß sein Geist vnd Gottheit in vns wone/vnd vns jm gleichförmig mache/vnnd also weder des Geistes ohne des fleisches/noch des fleisches ohne des Geistes gemeinschafft/mag bestehen/oder jemanden widerfahren. Darumb sie auch Paulus also beschreibet/Ein Leib/vnd ein Geist/wie jr auch beruffen seit auff einerley hoffnung ewers beruffs/ein HERR/ein glaube/ein Tauff/ein Gott vnd Vatter vnser aller/der da ist vber euch alle/vnd durch euch alle/vnd in euch allen. Diese gemeinschafft der Heiligen/die sie haben mit Christo vnd vnter einander/bekennen wir in dem Articuln vnsers Christlichen glaubens/vnd werden derselben anders nicht theilhafftig/deñ durch waren lebendigen glauben in Christum. Denn des HERREN Christi vnd seiner wolthaten können wir nicht theilhafftig werden denn durch seinen Geist/wie geschrieben stehet/wer den Geist Christi nicht hat/der ist nicht sein. Der Geist Christi aber/sencket sich in vnsere hertzen/vnd nimt die selben ein/vnd macht sie jm vnd Gott dem Vatter vnnd dem Sone zur ewigen wonung/also/daß er in vns waren glaubē anzünde/

1. Joh. 1.

h Cor. 1.
Philip. 2. 1.
2. Pet. 1. 4.

Eph. 4. 4.
5. 6.

Rom. 8. 9.

anzündet/ vnd erhelt. Darumb spricht Paulus/daß wir den
verheissenen Geist entpfangen durch den glauben/ vnnd daß
Christus durch den glauben in vnsern hertzen wohne. Item/
an die Hebreer/ Daß wir sind Christi theilhafftig worden/ so
wir den anfang des vertrawens biß ans ende feste behalten.
Vnd lehret die Schrifft nicht allein nach der lenge vnd vielfaltig/
daß wir durch den glauben gerecht werden/das ist/ für
Gott von sünden frey gesprochen/ vnd für gerecht gehalten/
vmb der genugthuung Christi willen/ Sonder auch daß Gott
vnsere hertzen reiniget vnd ernewert durch den glauben.

Eben diese gemeinschafft Christi/ welche von wegen
der gleichheit/ so sie hat mit dem Haupt vnd gliedern/ Baum
vñ Esten/ Weinstock vnd Reben/ ein einpfropffung oder ein
leibung in CHRistum genennet wird/ Die wird auch von
wegen solcher gleichheit in der Schrifft ein Bad oder abwaschung
der Sünden durch das Blut vnnd den Geist Christi
genennet/Als da Paulus spricht/ jhr seit abgewaschen/ jr seit
geheiliget/ jr seit gerecht worden/ durch den Namē des HERREN
Jesu/ vnd durch den Geist vnsers Gottes. Vnd Johannes
in der Offenbarung/ Christus hat vns gewaschē von
den Sünden mit seinem Blut. Item/ die da selig werdē haben
jhre kleider gewaschen vnd helle gemacht in dem Blut des
Lambs. Vnd der HERR selbst sagt zu Petro/ werde ich dich
nicht waschen/ so hastu kein theil mit mir: Sie wird auch eben
vm̄ solcher gleichheit willen ein niessung Christi/ oder essen
vnd trincken des Leibs vnd Bluts Christi/ von dē HERRN
Christo selbest genent/ da er spricht/ Ich bin das Brot das võ
Himmel kompt/ auff daß wer daruon isset/ nicht sterbe/ꝛc. Vnd
wird aber dennoch hiemit/ gleich wie kein leibliche einpfropfsung
oder einleibung in Christum/ Also auch kein leibliches
besprengen

besprengt oder waschen mit dem Blut oder Geist Christi/vñ kein leibliche niessung oder entpfahung/oder eingang des Fleisches vnnd Blutes Christi in vnsere Leib verstanden oder gemeint/weder sichtbar noch vnsichtbar/weder auff grobe noch auff subtile/weder auff Irrdische noch auff Himmlische weise/oder wie es ímmer mag erdacht oder genennet werden/ Sonder dieses waschen ist nichts anders/denn von wegen des Blutuergiessens vnd genugthuung Christi/so wir dieselbe durch waren glauben annemen/vergebung vnser Sünden haben/vnnd durch seinen heiligen Geist/zu dem ebenbild GOTTes/zu dem wir anfenglich erschaffen waren/mehr vnnd mehr ernewert werden/biß wir endlich von Sünd vnd Tod vollkömlich gefreiet werden. Denn also machet vns das Blut Christi rein von aller Sünde/vnd also werden wir von newem geboren auß dem Wasser vnnd Geist/daß wir in das Reich Gottes mögen kommen. Also auch/Christum/oder den Leib oder das Fleisch Christi essen/vnd sein Blut trinckẽ/ vnd mit seinem Fleisch vnd Blut gespeiset werden/ist nichts anders/denn Christum mit warem glauben annemen/durch seinen Geist jhm eingeleibet werden/vnnd von wegen seines für vns in Thod gegebenen Leibes/vnnd für vns am Creutz vergossenen Bluts/vergebung der Sünden/Gerechtigkeit/ Trost vnd Ewiges leben haben/vnd in rechter Heiligkeit vnd Seligkeit jm gleichförmig werdẽ. Also erkläret der HERR Christus selbst/diß essen vnnd trincken/vnnd diese speisung/ Denn eben das er zuuor sage/wer zu mir komt/wer an mich glaubet/den wird nicht Hungern/den wird nimmermehr dürsten/der hat das Ewige leben/das sagt er hernach mit diesen Worten/wer von diesem Brot isset/das vom Himmel kompt/wer mich isset/wer

1. Ioh.1.7.
Ioh.3.5.

Ioh.6.

N ij   mein

XCVLII.

mein Fleisch isset/ vnd mein Blut trincket/ der bleibt in mir/ vnnd ich in jhm/ vnnd wird nicht sterben/ sonder wird leben in Ewigkeit/ vnd ich werde jhn aufferwecken am Jüngsten tag. Auß diesem allem ist nu klar vnd offenbar/ daß diese gemeinschafft Christi/ diß waschen vnnd diese reinigung/ nicht anders denn durch waren glauben an Christum/ in vns angefangen/ vnd vollendet werde. Dieweil aber der glaube auß der predigt des Worts Gottes komt/ So hat Gott das Euangelium von seinem Son/ durch diesen seinen Sohn vns offenbaret/ darinnen vns diese gemeinschafft Christi vnd aller seiner wolthaten fürgetragen vñ angeboten wird/ auff daß wir demselben glauben/ vnd also dieser genaden vnd geschenck Gottes theilhafftig werden. Vnnd weil an diesem glauben all vnser heil vnnd Säligkeit gelegen/ vnnd aber derselbe glaube/ von wegen vnser verdorbten vnd zu vnglauben geneigten Natur zumal schwach vnd blöde ist/ So hat Gott auß sonderlicher gnade vnnd warnemung vnserer schwachheit/ alle zeit neben der verheissung der gnaden in Christo/ etliche Ceremonien vnd eusserliche sichtbare anbildunge eben derselben in seinem Wort/ verheissenen gnade vnd wolthaten/ eingesetzt/ vnd seiner Kirchen zuhalten befohlen/ (welche die Schrifft/ zeichen des Bundes zwischen GOTT vnd den glaubigen/ vnnd die Christliche Kirch/ Mysteria/ oder Sacramenta das ist/ geheimnüsse/ nennt/ als deren bedeutung/ vrsach/ vnnd gebrauch/ allein die verstehen so daruon auß GOTTES Wort vnterwiesen sind) vnnd solches nicht allein darumb daß er seine gemein von den vnglaubigen vnnd Gottlosen Völckern daburch vnterscheidete vnnd absonderte/ vnnd das Volck GOTTES damit seinen glauben/ gehorsam vnnd Danckbarkeit gegen GOTT/ vnnd verpflichtung

Rom.10.
17.

Gen.17.11.
Exod.12.
13.
Exod.31.
13.
Ezech.20.
12.
Rom.4.11.

zu

zu Brüderlicher lieb / für Gott vnd der gantzen Welt bezeugete / Sonder viel mehr vnnd fürnemlich/ daß Gott damit gleich als mit sichtbaren worten vns zuuerstehen gebe vnd bezeugete / was für Wolthaten er vns in Christo erzeige vnnd schencke. Darumb er auch nicht allein angezeiget vnd erkläret/ was er damit meine vnd bedeute / sonder auch die verheissung daran gehenge/ daß alle die jenigen/ so sich dieser Warzeichen Göttlicher gnaden/ in warem Glauben vnd bekerung zu Gott / gebrauchen/ so gewiß vnd warhafftig/ die Geistlichen / damit fürgebildten Gaben/ sollen entpfangen/ als sie der eusserlichen/ sichtbaren Warzeichen theilhafftig werden. Solche Zeichen sind im alten Testament gewesen die Opffer / die Beschneidung / das Osterlamb / der Sabbath vnnd andere Ceremonien/ damit Gott bezeugete/ daß er die Glaubigen vmb des zukünfftigen Opffers vnd rechten Osterlams Christi willen zu gnaden annemmen/ von Sünden loß machen/ vnd heiligen wolte/ Vnd im newen Testament der heilige Tauff vnd das heilig Abendmal des HERRN.

    Wie aber nun das Wort / oder die Predigt des Euangelij/ den Glaubigen nicht ein leres Wort ist/ sonder ein solches wort/ dadurch der heilig Geist krefftiglich wircket in jren Hertzen/ vnnd macht / daß sie dasjenige/ daß sie hören/ warhafftiglich zugleich vnnd in der that entpfangen/ Den Vngläubigen aber ist es ein blosser laut der jhren zu einem Ohr ein/ zum andern wider außgehet/ nicht allein ohn alle Frucht/ sondern auch zu jhrem schweren Vrtheil vnd Verdamnuß/ Also sind auch den Glaubigen die heiligen Sacrament/ das ist / die sichtbaren Wort oder Predigt des Euangelij/ nicht lere/ blosse/ vergebliche Zeichen/ sonder krefftige Werckzeuge des heiligen Geists/ jhren angefangenen Glauben dadurch

Hebr. 4. 2.

C.

zuüben vnd zustercken/vnd also in jnen warhafftiglich zuwircken/vnnd sie je länger je mehr theilhafftig zumachen der gemeinschafft Christi vnd seiner wolthaten/so jhnen Gott damit bedeutet/anbeutet/bezeuget/vnnd jnen zugeben/sich offentlich für allen Creaturen verpflichtet/ Dargegen aber den Vngläubigen/ als denen sie nicht seind eingesetzt/ vnnd denen GOTT eben so wenig darinnen als in der Predigt des Euangelij verheisset/ sind sie nicht allein vergebliche Ceremonien vnnd Schawspiel/sondern auch Zeugnuß jhrer vndanckbarkeit gegen Gott/vnnd schärffung jrer Verdamnuß. Dann daß die eusserlichen Warzeichen nicht sollen zur vbung vnnd sterckung vnsers Glaubens dienen/ das ist ein Gottlose vnd Schwenckfeldische verachtung vnd verkleinerung der Ordnung Gottes in seinem wort vnd Sacramenten/ die er darzu gegeben hat/daß nicht auß jhrer Natur oder eingegossenen krafft/ sonder auß wirckung des heiligen Geistes/dadurch vnsere Hertzen zu glauben gereitzet vnd beweget werden/dieweil wir wissen/ daß Gott warhafftig helt was er zusagt/es sey mit Worten oder mit Zeichen.

Derhalben wie Christus seinen Gläubigen im Tauff mit dem Wort/vnd mit dem Zeichen/ nemlich/ dem eusserlichen Wasserbad/verheisset vnd bezeuget/daß er selbst mit seinem Blut vnd Geist vns von vnsern Sünden gewaschen habe/ vnnd wasche/vnd solches warhafftig thut/laut der angehengten Verheissung/ Wer da glaubet vnnd getaufft wirt/ der wirdt selig werden. Item/ Jhr seid alle Kinder Gottes/ durch den Glauben an CHRJstum JEsum/ dann wie viel ewer getaufft sind/die haben CHRistum angezogen. Item/ CHRJstus hat seine Gemeine gereiniget durch das Wasserbad im Wort/ Also auch in seinem Abendmal/verheisset vnnd bezeuget er offentlich mit dem Wort/vnnd mit dem

Rom.2.
25.

Marc.16.
16.
Gal. 3.27.

Ephe.5.
26.

eussere

eusserlichen Zeichen / nemlich der niessung des sichtbaren Brodes vnnd Weins / in versamlung der Glaubigen zu seinem Gedächtnuß / daß er selbst vns speisen vnd träncken wolle mit der Himlischen Speiß vnnd Tranck / die wir jetzt nicht sehen / nemlich mit seinem waren Leibe vnnd Blute / zum ewigen Leben / vnd thut vnd leistet zugleich solches allen denen die da glauben / was er allda mit Worten vnnd zeichen vns fürtregt / laut der Verheissung / Das ist mein Leib / der für euch gegeben wirdt / vnd mein Blut / das für euch vergossen wirt. Item / der Kelch der Dancksagung / vnd das Brodt daß wir brechen / ist die gemeinschafft des Bluts vñ des Leibs Christi. Matth. 26. 1. Cor. 10. 16.

Vnd wie wir im Tauff mit dem Wasser leiblich gewaschen werden zu bekräfftigung vnd versicherung vnsers glaubens / Mit dem Blut Christi aber werden wir nicht leiblich / sonder Geistlich durch den Glauben / wie zuuor erkläret / besprenget / gewaschen vñ gereinigt / vnd darff das Blut Christi nit Leiblich in das Wasser oder auff oder in vnsern Leib komme / auch nit in vns sein / wie der Geist Christi in den getaufften ist / der sie mit dem Blut Christi wesschet / vnd were dannoch eine lästerung Christi vnnd des H. Tauffs / da jemand sagen wolte / daß wir nicht mit dem waren Blut Christi warhafftig gewaschen würden / vñ derwegen auch die Vnglaubigen wol können mit dem Wasser getaufft werde zu jrer Verdamnuß / Aber mit dem Blut vnd Geiste Christi werden allein / vñ alle Gläubigen nit zum Tode / sonder zum ewigen leben getaufft / Also auch im Abendmal werden wir leiblich mit dem geheiligten Brodt vnd Wein gespeiset / als mit einem gewissen / vns von Christo gegeben Pfand vñ Warzeichen / zu bestettigung vnsers Glaubens / daß er vns die lebendigmachende Speiß vnd Tranck warhafftig gebe / Mit dem Leib vnd Blut Christi aber

aber werden wir darneben nicht durch die Hände der Diener/ sonder von Christo selbst/ nicht Leiblich/ sonder Geistlich/ wie zuuor erkläret ist/ gespeiset vnd getråncket/ nemlich also/ daß wir durch waren Glauben vnnd seinen Geist jm je länger je mehr eingeleibet werden als seine Glieder/ vnnd haben vnnd seinen willen/ vnnd durch jhn vergebung der Sünden/ ewige Gerechtigkeit vnnd Leben/ zu welcher Speisung vnd Tränckung/ der Leib vnd das Blut Christi nit wesentlich im Brodt sein/ oder in vnsern Mundt vnnd Leib eingehen darff/ weder auff grobe/ noch auff subtile weise/ vnd ist dannoch eine lästerung Christi vnd seines Abendmals/ da man fürgeben wil/ daß wir nicht warhafftig mit dem waren/ wesentlichen/ natürlichen Leib vnnd Blut Christi solten in diesem Abendmal gespeiset vnd getråncket werden/ darumm daß es nicht Leiblich vnd Mündlich gessen wirdt. Derwegen auch das Brodt vnd Wein wol können von den Vnglaubigen zu jrem Verdamnuß genossen werden/ Den Leib vñ das Blut Christi aber essen vnnd trincken allein alle vnnd jede Glaubigen/ nicht zum

Ioh. 6, 54. Tode/ sondern zum ewigen Leben. Dann von dieser Speise sage Christus außdrücklich/ Wer mein Fleisch isset/ vnd mein Blut trincket/ der hat das ewige Leb/ Vom Brodt vñ Wein

1. Cor. 11. aber/ vnnd nicht vom Leib vnnd Blut Christi/ sagt Paulus/
27. 29. Welcher vnwürdig von diesem Brodt isset/ oder von dem Kelch des HERREN trincket/ der wirdt schuldig an dem Leib vnd Blut des HERREN/ vnnd isset vnd trincket jm selber das Gericht/ nicht damit daß er isset vnd trincket/ sonder daß nit vnterscheidet/ das ist/ nit mit Ehren vnd Danckbarkeit annimt vnd isset/ sonder verachtet vnnd schlecht auß den Leib des HERREN.

  Auß disem vnserm Bekanntnuß ist am tag/ daß vnsere Lehre

Lehre weder mit dem grewel der Päpstischen Abgötterey vnnd Opffermeß/ noch mit verachtung oder verkleinerung des heiligen Abendmals beflecket sey/ vnnd die jenigen mit grober greifflicher vnwarheit vnnd mit schanden bestehen/ die wider vns schreyen vnnd schreiben/ wir machen auß dem Abendmal ein blosses leres Zeichen/ heben die Geistliche mit samt der Leiblichen niessung Christi auff/ machen darauß nůt ein gedancken vnd worte/ nur ein blosse bedeutunge/ nur ein gemeinschafft des Geists/ vnd nicht des Leibs Christi/ lassen die Allmächtigkeit Christi nichts zůschaffen haben in dem Abendmal/ gründen die einsatzung Christi auff den glauben/ vnd was dergleichen viel getriebene Fabeln vnd Calumnien sind/ damit sie die Einfeltigen/ vnd die der Warheit nit selbst nachtrachten/ bißher haben betreubet vnnd geblendet. Dann auch im Tauff kein Leiblich waschen ist/ vnd dannoch der Tauff nicht ein leres/ sonder ein warhafftiges Zeichen ist der einleibung in Christū/ vnd gemeinschafft aller seiner wolthaten. Item/ Es wirdt die Geistlich niessung nicht auffgehaben in der Predigt des Euangelii/ ob gleich niemand je gesagt hat/ daß Christus auch in derselben Leiblich vnd Mündlich gessen werde/ Wie käme dann das Abendmal darzu/ daß es kein Geistliche niessung Christi sein solte/ darumb daß Christus nicht mündlich darinnen gessen wirdt? Item/ es werden nicht wir/ sonder Christus vnd sein heiliges Wort vñ Abendmal selbst/ zum höchsten geschmähet vnd gelästert/ wann man sich nicht schämet zusagen/ daß die einleibung der Glaubigen in Christū/ vnd gemeinschafft seines verdiensts/ gerechtigkeit/ Lebens/ vnd Herrligkeit/ nur worte vnd blosse gedancken sind/ oder daß Christus nur bedeute mit der niessung Brodts vnd Weins/ die Speise vnd Tranck des ewigen Lebens/ vnd nicht

O auch

auch warhafftig vnnd mit der that erfülle/ was er vns hiemit bedeutet vnd verheisset/ oder daß die einleibung in den waren Leib Christi/ dadurch wir seine Glieder/ sein Fleisch/ vnd seine Gebeine werden/ nur ein gemeinschafft des Geists/ vnnd nicht auch ein warhafftige gemeinschafft des waren Leibs vñ des Bluts Christi sey/ Oder/ daß die Allmächtigkeit Christi allda nichts zuthun habe/ vnnd nichts wircke/ da sie vns zu Gliedern Christi machet/ vnd mit seiner Erkanntnuß/ Gerechtigkeit/ Trost vnnd Leben erfüllet/ oder die Warheit vnd Einsatzung Christi darumm auff dem Glauben der Menschen stehe/ daß er nicht auch die Gottlosen vnd Vnglaubigen wil mit seinem Fleisch vñ Blut speisen vñ trencken/ So er doch disen sein Abendmal nicht hat eingesetzt/ auch jnen dise Speiß des ewigē Lebens zugebē nie hat verheissen/ sonder drawet jnen vil mehr/ sie derselbē in Ewigkeit zuberauben/ Dieweil er jnen dise in seinem Wort vñ Sacramenten/ so wol als den Glaubigen/ anbeut vñ fürtregt/ sie aber dieselbe nit niessen vñ annemen/ sonder außspeyen vñ mit Füssen trettē. Wirt derhalben Christus nit allein vnsere vnschuld/ sonder fürnemlich seine Ehre vnd Warheit/ wider solche Leute wol wissen zuschützen.

Eben mit so grossem vngrunde geben auch dieselben für/ daß die wort Christi/ Das ist mein Leib/ das ist mein Blut/ von einer vnsichtbaren/ mündlichen/ leiblichen/ den Glaubigen vnd Vnglaubigen gemeinen niessung des Leibs vñ Bluts Christi rēdē/ vnnd derhalben sie bey den worten Christi bleiben/ wir aber daruon abweichen/ vnd denselben widerwertige Lehre führen. Dann sie nach so manigfaltiger/ dürrer/ klarer/ heller Vberweisung jres falschen rhümens vnd pralens/ ohn vnderlaß schreyen/ von dürrē/ klarē/ hellen worten Christi/ darauff sie sich beruffen/ gleich als hetten sie weder Augen

noch

noch Ohren/ Vnnd solte darumb alle Welt auch weder Augen noch Ohren haben/ daß niemand sehen noch hören könte/ daß jnen nun so offt vnd viel ist fürgehalten/ vnd noch von jhnen vnwiderlegt bleibet vnd bleiben wirdt/ Daß sie nemlich weder bey den Worten oder dem Buchstaben der wort Christi/ noch bey dem rechten verstand vñ meinung Christi bleiben. Dann Christus sagt von dem sichtbaren natürlichen Brodt vnd Wein/ daß dasselbe sein Leib vnd sein Blut sey/ So sagen sie stracks den worten Christi zuwider/ daß nit das Brodt/ sonder ein vnsichtbares/ in oder vnter/ oder bey dem Brodt verborgenes Fleisch/ der Leib Christi sey/ vñ rhümen sich darnach mit grossem geschrey vnd vngestümigkeit der dürren/ klaren/ hellen wort Christi. Wer sihet aber nit/ er wölle dañ mutwillig blind sein/ daß sie keines wegs bey den worten Christi bleiben/ sonder Christum ins Angesicht vnwarheit straffen/ jhm seine wort verkeren/ jhre eigene wort vnd gedichte jres Hirns vnd des leidigen Antichrists/ an statt der wort Christi setzen/ vnd mit gewalt den Leuten wölle für Christi wort auffdringen? Dann so sie gleich lang schwetzen/ es sey eben einerley meinung/ so sind es doch darum noch nichteinerley wort/ vnd stehet jnen also noch zubeweisen/ daß diß die meinung Christi sey/ welches sie alsdann werden thun/ wann sie beweisen werden/ daß das sichtbare Brodt/ vnd das vnsichtbar Fleisch in oder bey dem Brodt/ dauon sie sagen/ ein ding seyen.

Dargegen aber wir behalten nicht allein die wort Christi/ daß das Brodt sein Leib sey/ sondern auch seine vnnd seiner Apostel/ ja der gantzen heiligen Schrifft/ darüber gegebene erklärung/ verstande vnnd meinung/ daß nemlich der HERR mit diesen worten vns verheisse/ daß er in diesem seinem Abendmal/ alle die so es nach seiner Einsetzung vnnd

O ij   Befelh

Befelch gebrauchen/nit allein mit Brodt vnd Wein(wie vns vnsere Verleumder fälschlich vnd bößlich/ wider jr Gewissen/ vnd vnsere manigfältige Bekanntnuß vnnd gnugsame erklärung vnserer Lehre vnnd meinung/ außtrechen wollen) Sonder auch/ vnnd fürnemlich/ mit seinem waren/ für vns gegebenem Leib/ vnnd für vns vergossenem Blut/ warhafftig vnd mit der that/ zum ewigen Leben/ speisen vñ tråncken wölle/ Doch also/ daß er vns Brodt vnnd Wein nach seiner art/ das ist/ Leiblich/ Mündlich/ durch die Hånd der Diener/ sein Fleisch vnd Blut auch nach seiner art/ das ist/ Geistlich/ durch waren Glauben/ vnd wirckung seines Geistes in vns/ zu essen vñ zu trincken gebe/ Auff daß wir nit durch das Brodt vnd Wein/ sonder durch sein Fleisch vnd Blut zum Leben gespeiset werden/ diß Brodt vñ Wein aber vns durch starckung vñ vbung vnsers Glaubens/ darzu dienen/ daß wir dise Himlische Speise/ je långer je mehr niessen/ vnnd vnserm HERREN Christo/ für solche lebendigmachende Speiß vnnd Tranck/ darzu er vns am Creutz geschlachtet vnd worden ist/ in Angesicht aller Engel vnnd Menschen/ dancken/ vnnd wie er vnser sein wil/ ewig sein zubleiben vns verpflichten.

Vber dieser Lehre/ darff vns/ Gott lob/ vnser Gewissen/ nicht zabeln/ auch niemand vns/ wie die Füchsse/ auß der Höle brennen/ wie sie von vns sagen. Dann wir dörffen vns gantz vnnd gar nicht schewen vnsern Glauben zubekennen/ wie wir dann solches hiemit außdrücklich vnd deutlich thun/ vnnd nun so viel vnnd lang haben gethan/ als die wir/ Gott lob/ keiner Füchßhöle/ darein wir vns verkriechen/ bedörffen noch begeren.

Dargegen aber sich an jenem Tag/ da aller hertzen gedancken offenbar sollen werden/ wol befinden wird/ vnd auch

itzund

jetzund alle verstendige/ Gottsförchtige vnd der warheit sich
befleissende Christen/ leichtlich erachten können/ mit was ge=
wissen man auß dem sichtbaren Brot/ ein vnsichtbar vnnd
allenthalben gegenwertiges Fleisch/ machet/ welches der
HERR seinen Leib sol genennet haben/ vnd vns Mündlich
mit dem Brot zueessen gebe/ vnnd den einfeltigen die Brillen
auffzusetzen/ grausamlich vber gewalt vnnd vnrecht schreiet/
als gebe man jhnen schuld/ sie wöllen den Leib Christi/ wie
Rindfleisch/ mit Zänen essen vnd zerbeissen/ vnd rhůmet sich
darnach hoch grosser Miracul vnd geheimnusse/ vnnd eines
Himmlischen/ vbernatürlichen vnd Geistlichen essens/ dar=
uon sie sagen. Was ist aber diß anders/ denn ein höle darinn
sich die Füchse verkriechen/ das ist/ ein Spiegelfechten mit
worten/ die man deuten vnnd dreen kan wie man wil/ vnnd
damit man das jenige decket/ das man mit seinem rechten Na
men nicht wol nennen darff? Denn auch wir/ ob wir wol die
Sacrament vnd die Artickel des glaubens von den wunder=
wercken/ welche sichtbar sind/ vnd wider die ordnung vnd den
lauff der Natur von Gotte geschehen/ vnterscheiden/ den=
noch diß wunderbare vnd grosse geheimnuß/ der vereinigung Eph.5.32.
Christi mit seiner gemein/ vnd diß Himmlische/ vbernatür=
liche/ Geistliche essen vnnd trincken/ Gott lob/ so woll als
jene erkennen/ bekennen vnd rhůmen/ Aber besser deñ sie/ das
ist/ nicht durch Menschliche gedichte/ von dem vnsichtbaren/
vnentfindlichen/ vberall gegenwertigen/ vnd in die leibe der
Gottseligen/ vnd Gottlosen eingehenden Fleisch vnd Blut/
Sonder durch die einhellige lehre vnnd meinung Göttlichs
Worts/ von dem waren Menschlichen/ sichtbaren/ greifflich=
chen/ vnd jetzund nicht auff Erden/ sonder droben im Himel
leiblich gegenwertigen/ vnd vns durch seinen Geist/ wir sind

O iij   gleich

CVIII.

gleich herniden auff Erden/ oder bey jhm droben im Himmel/ wie das Haupt seinen gliedern/ vereinigtem Leib/ beschreiben vnd erklären.

Denn da gleich kein anderer Grund solcher vnser erklärung vnd verstands/ vnd widerlegung der gegenlehr vnnd falschen deutunge der Wort Christi auff das Mündliche essen/ vorhande were/ So stünden doch die einfaltigen blossen Worte Christi/ feste genug auff vnser seiten. Denn die gantze heilige Schrifft/ vnnd die gantze Christliche Kirche/ alle zeit diese gemeine/ einfaltige/ verstendliche weise von allen Sacramenten zureden gebraucht hat/ daß sie die eusserlichen warzeichen mit dem Namen der geistlichen gaben vnnd wolthaten/ so damit bedeutet werden/ hat genennet/ nicht dieser meinung/ als weren die zeichen die gaben selbest/ oder hetten dieselben leiblich oder wesentlich in vnd bey sich/ Sonder darumb/ daß die gaben dadurch bedeutet vnd vns von GOTT verheissen/ vnd in rechtem brauch samt dem zeichen empfangen werden.

Vnd diß eben ist die Sacramentlich vereinigung/ welche nicht die weise vnd form von Sacramenten zureden/ (wie vns felschlich zugemessen wird) sonder ein vrsach der selbe ist/ vnd nicht allein im Abendmal/ sonder in allen Sacramentē zufinden vñ zuhalten/ vnd derwegen im Abendmal nicht anders/ deñ in allen Sacramenten zuuerstehen ist. Daher wird

Gen.17.10
11.13.
Rom 4.11.
Leuit.1.4.
Heb.9.13.
14.

die Beschneidung der Bund Gottes geneñt/ die doch ein zeichen vnd Siegel des Bunds war/ die Opffer/ die versünung mit Gott/ die doch ein vorbild war auff das künfftige Opffer Christi/ vnnd derwegen ein Zeugnuß der versünung mit Gott/ welche auch zur selben zeit vmb dieses Opffers willen geschach/ Das Osterlamb/ der vberschritt/ das ist/ die verschonung

nung des Volcks Gottes in Egypten/vnd in dem Menschli- 1.Cor 5.
chen Geschlecht durch Christum/ so es doch ein zeichen vnnd
gedächtnuß desselben war/Der Tauff/das Bad der Wider- Tit.3.5.
geburt vnd abwaschung der Sünden/ so er doch ein zeichē ist Act.22.16.
dieser abwaschung/so wol als die erhaltūg Noe in der Sünd- 1.Pet.3.vn.
flut. Also hat Christus auch in seinem Abendmal/das Brodt
seinen Leib/ vnd den Wein sein Blut genent/ nicht daß das
Brodt zu Fleisch/ vnnd der Wein zu Blute würde/oder sein
Fleisch vnnd Blut wesentlich bey oder in diesem Brodt vnnd
Wein verborgen were/Sonder darumb/daß es ein zeugnuß
vnd sichtbare verheissung ist den glaubigen/ daß sie mit dem
Leib vnd Blut Christi/gespeiset vnnd getrencket werden zum
Ewigen leben. Denn weil der Son Gottes darum das wort
des Vatters heisset/ daß er die gantze heilige Schrifft durch
seinen heiligen Geist geredt vnnd außgesprochen/ vnnd alle
Sacrament von anbegin eingesetzet hat/ warumb soll man
jhn denn eben in seinem Abendmal anders verstehen/ denn
in allen andern Sacramenten/ so er doch eben also von die-
sem Sacrament redet/ wie er je vnnd alle zeit in der Schriffe
von allen Sacramenten geredt hat? Zumal aber ist sol-
ches nicht zugestatten/ dieweil er diese weise zureden/ durch
sich selbst vnd seine Aposteln/ auch im Abendmal eben also er-
kläret hat/wie in andern Sacramenten. Denn er zeigt vr-
sach an/ warumb vnd in welchem verstand er das Brodt sei-
nen Leib genennt/Da er spricht/diß thut/Nemlich/diß Brodt
esset/vnd diesen Kelck trincket/zu meinem gedächtnuß. Nicht
allein zum gedächtnuß seines Todes/ wie es vnsere verleum-
der auff newe weise glosiert/ sonder zu seinem/das ist/des gan-
tzen HERREN Christi/ seines tods vnd aller seiner wolth-
ten/gedächtnuß/dz ist/zurgewissen vnbetrieglicher erinerung/
vnd

vnd versicherung/vnd danckbarlichen verkündigung/ heisset er vns diß gebrochen Brot niessen vnd von diesem Kelck trincken. Item/ Er spricht/ dieser Kelch sey das newe Testament in seinem Blut/ das für vns vergossen ist zur vergebung der Sünden. Das newe Testament aber ist der Bund oder versönung mit Gott/ so nicht durch das leiblich getrunckene/ sonder am Creutz vergossene Blut Christi geschicht/ vñ welcher nicht allein die zum Abendmal gehen/ sonder alle ausserwelten von anbegin der Welt biß ans ende/ müssen theilhafftig werden. Also auch der Apostel Paulus erkläret diese Wort Christi/ das ist mein Leib/ das ist mein Blut/ also/ das Brot daß wir brechen/ ist die gemeinschafft des Leibs Christi/ vnnd der Kelch der Dancksagung ist die gemeinschafft des Bluts Christi. Vnnd sagt Paulus nicht von gemeinschafft des Brots/ (wie etliche mit ihrer newen gloß jhm seine wort verkeren) sonder von gemeinschafft der glaubigen an vnnd mit dem Leibe Christi. Was aber die gemeinschafft der glaubigen mit Christo sey/ ist zuuor genugsam auß Gottes Wort dargethan/ vnd zeuget Paulus am selben ort gantz klärlich/ da er vrsach hinzu setzet/ warumm er es die gemeinschafft des Leibs vnd Bluts Christi nennet/ Nemlich/ darumm/ daß wir viel/ alle ein Leib werden in Christo/ gleich wie es ein Brot ist/ des wir theilhafftig werden. Item/ da er diese gemeinschafft Christi im Abendmal vergleicht mit der gemeinschafft des Altars/ das ist/ der vergebung der sünden vñ des Opffers Christi/ welche den glaubigen gewiß widerfur/ die von dem Opffern assen. Item/ da er darzu setzt/ es sey ein solche gemeinschafft/ welche mit vnd neben der gemeinschafft der Teuffel/ in welcher die vnglaubigen sind/ mit nichten bestehen möge. Deßgleichen klaren bericht gibt er auch an einem andern ort/

1.Cor.10.
16.17.18.
20.2/.

1.Cor.12.
1-/30.

da

da er spricht/ Gleich wie ein Leib ist/ vnd hat doch viel glieder/ Alle glieder aber eines Leibs/ wiewol jr viel sind/ sind sie doch ein Leib. Also auch Christus. Deñ wir sind durch einen Geist alle zu einem Leibe getaufft/ vnd sind alle zu einem Geist getrencket. Denn je mit diesen worten der Apostel in dem Tauff vnd im Abendmal einerley gemeinschafft/ vnd dieselbe nicht leiblich sonder geistlich/ setzet/ so den glaubigen von Christo durch seinen Geist in beiden Sacramenten bedeutet vnd bezeuget/ gegeben vnnd versichert wird. Vnnd zwar/ da gleich solches nicht also außdrücklich vnd deutlich in Gottes Wort geschrieben were/ so könde es doch nicht ohne grosse vnnd offentliche Abgötterey vnnd Aberglauben anders verstanden werden. Denn alle Sacrament im alten vnd newen Testament/ kein andere gemeinschafft Christi vñ aller seiner wolthaten/ vnd derwegen keine andere vnsichtbare geistliche gaben/ bedeuten/ verheissen vnnd vermögen/ denn eben das wort oder die verheissung der gnaden in Christo/ vnnd suchet noch ergreiffet der glaube nichts anders im Sacrament/ denn im Wort. Wo diese Regul nicht wird gehalten/ da ist die Lehre von Sacramenten schon im grund verfelschet vnd verderbet/ vñ wirt nichts den Götzen vnd Abgötterey gedichtet. Denn Paulus an die Corinther die alten vnnd newen Sacrament also vergleichet/ daß er genugsam zuuerstehen giebt/ daß/ so viel die vnsichtbaren gütter darinnen belanget/ kein ander vnterscheid ist zwischen den Sacramenten/ denn zwischen der verheissung der gnaden im alten vnnd newen Testament/ Nemlich / daß der glaube im alten auff den künfftigen/ im newen auff den schon gesandtē Christum wird gewiesen. Vnd wird Christus etlichen/ die jhn gantz hönisch vnnd spöttlich in die Schule führen/ als hette er nicht ge-

1.Cor.10.
2.3.4.

P wust

ruſt Sacrament vnd Gnadenzeichen im newen Teſtament
ein zuſetzen/ die eben ſo deutlich/ verſtendlich vnnd dienſtlich
weren/ die gemeinſchafft/ ſo ſeine glaubigen mit jhm haben/
daburch anzuzeigen vnd vns für augen zubilden/ als die Opf-
fer vnnd Ceremonien des alten Teſtaments waren/ zu ſeiner
zeit woll wiſſen jhren ſpot auß dem Maul in den Buſen zu
werffen. Es darff aber dieſe ſach bey keinem Chriſten viel di-
ſputierens/ der allein bedencken wil/ daß wir Chriſtum da-
rumb eſſen im Abendmal/ daß er nicht widerumb von vns
weiche/ ſonder ewiglich er in vns vnd wir in jhm bleiben/ vnd
derhalben vnmöglich iſt/ daß wir jhn anders ſollen eſſen/ denn
er hernach in vns wohnet. Was aber für ein vngehewre lä-
ſterliche lügen ſey/ Daß der Leib Chriſti leiblich vnnd weſent-
lich innerhalb dem Leib oder der Seelen aller außwelten/
oder deren allein die zum Abendmal komen/ die Thod vnnd
die lebendig ſind mit dem Leibe/ in dieſem vnnd in dem an-
dern leben/ oder auch in den Gottſeligen vnd den Gottloſen
vnd verdamten zu gleich ſey/ wird einem jeden ſein gewiſſen
leichtlich ſagen/ auch der gleich die Bibel nicht geleſen het-
te. Derhalben wir jetzund geſchweigen/ wie alle Articul
des Chriſtlichen glaubens von der waren Menſchwerdung
CHRISTI/ von ſeinem waren Leiden/ Sterben/ Be-
grebnuß/ Aufferſtehung/ Himmelfahrt/ ſetzen zur rechten
ſeines Vatters/ Warhafftigen widerkunfft zu richten die le-
bendigen vnd die Thodten. Item/ Von vnſer Aufferſtehung
vnd ewigen gleichförmigkeit mit vnſerm Haupte CHRI-
STO JESV/ durch dieſe vngereimte gedichte von dem
Allmächtigen/ Allenthalben gegenwertigen Leibe Chriſti/
im Grunde/ zu nichte gemacht/ vnnd auff Marcioniſche/
Eutychianiſche/ Neſtorianiſche vnnd Schwenckfeldiſche
weiſe/

weise/verfelschet vnnd verleugnet werden. Wir geschwei=
gen auch/ daß der grewel des Päpstischen Meßgötzen/ nicht
eben auff der verwandlung des Brodts in das Fleisch Chri=
sti/ sonder auff der leiblichen gegenwert CHRISTI stehet/
dieweil eben einerley folget/ es sey CHRIstus vnter dem
Brode/ oder vnter der gestalt des Brodts leiblich gegenwer=
tig/ vnd derhalben als denn erst mit guttem grund vnnd ge=
wissen/ diß Päpstlich anbetten/ einschliessen/ vnnd opffern/
kan verworffen vnd verdamt werden/ wenn das gedichte des
Antichrists von der leiblichen gegenwertigkeit CHRISTI/
in der Hand ihrer Meßpriester/ auß der Christlichen Kir=
chen weg gereumet wird. Wir widerholen auch jetzund
nicht/ daß alle alte Christliche Lehrer vnnd Scribenten/
sampt der gantzen alten Rechtglaubigen Christenheit/ ehe
denn das leidige Papstum oberhand genommen hat/ nie an=
ders geglaubet/ geleret/ geredt/ vnd geschrieben/ denn von vns
auff diesen tag bekant wird.

    Justinus Martyr spricht/ diß allein ist das Opf= Colloq.
fer/ welches den Christen zuthun ist befolhen/ daß sie cū Tryp.
durch Brodt vnnd Wein erinnert werden/ was GOTT
der Sohn GOTTES/ vmb ihren willen geli=
den hat.

    Tertullianus. Christus hat das Brodt genommen/ Lib.4.cō=
seinen Jüngern außgetheilet/ vnnd zu seinem Leib gemacht/ tra Mar=
in dem er gesprochen/ das ist mein Leib/ das ist/ ein Anbildung cion.
meines Leibes.

    Origenes. Diß Brodt/ von welchem der Son Got= In Matth.
tes sagt/ Es sey sein Leib/ ist ein Wort/ dadurch vnsere See= Cap.:6.
len werden generet. Hom.30.

    Cyprianus. Der das Abendmal hat eingesetzt/ derselbe Serm de
                      P ij   hatte Coena Do
                                                       mini

CXIIII.

hatte gesprochen/ So wir jhn nicht essen vnd sein Blut nicht trincken/ so hetten wir das leben nicht in vns/ damit hat er vns ein geistliche lehre gegeben/ vnnd den verstand dieses verborgenen dings eröfnet/ auff daß wir wüsten/ daß dieses essen sey/ daß wir in jhm bleiben/ vnd dieses trincken/ jhm gleich als eingeleibet werden/ daß wir jhm mit gehorsam/ willen vnnd hertzen vnterworffen vnnd vereiniget sind. Item/ Der HERR hat am Tisch im letzten Abendmal mit seinen eignen Henden gegeben Brot vnnd Wein/ Am Creutz aber hat er in die Hende der Kriegsleute gegeben seinen Leib zuuerwunden/ daß die Jünger den Völckern außlegten/ wie Brot vnnd Wein sein Leib vnnd Blut weren/ vnnd wie das Sacrament mit dem jenigen/ vmb welches willen es ist eingesetzt/ sich vergleiche/ wie ein Sacrament auß zweierley dingen wird/ vnnd darumb mit zweierley Namen genennt wird/ vnd dem das da bedeutet/ vnd das da bedeutet wird/ einerley Namen werden gegeben.

Serm. de Chrism.

Gregorius Nazianzenus/ Das Brot vnd Wein sind gegenbild des werden Leibs vnd Bluts Christi.

Orat. de Pasch. In 1.Cor. 11.

Ambrosius. Weil wir durch den Tod des HERREN erlöset sind/ so sind wir dieses ingedenck/ vñ bedeutē in dē essen vñ trincken/ das Fleisch vñ Blut des HERRN/ die für vns geopffert sind. Item/ Es ist nicht ein Brot das in den Leib gehet/ sonder das Brot des ewigen lebens/ das vnser seele erhelt.

De Sacr. lib.5. ca.4 Epist.23. ad Bonif.

Augustinus. Wenn die Sacrament nicht eine gleichheit hetten mit denen dingen/ deren Sacrament sie sind/ so weren sie auch nicht Sacrament. Von wegen dieser gleichheit aber/ werden sie gemeiniglich mit dem Namen der gaben so damit bestättiget werden/ genennt. Drumb wie nach seiner art/ das Sacrament des Leibs CHRISTI/ der Leib
Christi

Chriſti iſt/vnd das Sacrament des Bluts Chriſti/das Blut Chriſti iſt/ Alſo iſt das Sacrament des Glaubens (nemlich der Tauff) der Glaube. Item/ Der HERR hat ſich nicht gewegert alſo zureden/ das iſt mein Leib/ da er doch ein Zeichen ſeines Leibs gab. Item/ In jhn glaubt/iſt das lebendige Brodt eſſen. Wer an jn glaubet/der iſſet jhn/ vnd wirdt vnſichtbar genehret/ wie er auch vnſichtbar widergeboren wirt. Item/ Dieſe Speiſe eſſen/ vnd dieſen Tranck trincken/heiſſet in CHRIſto bleiben/ vnd CHRIſtum in ſich wohnende haben. Contra Adim. Cap.12. In Iohan Tract.26.

  Chryſoſtomus/ Dieſen Tiſch hat er bereitet/ daß er vns täglich Brodt vnnd Wein zeigte im Geheimnuß/zum Gleichnuß des Leibs vñ Bluts Chriſti. Item/ Diß Opffer iſt ein Gleichnuß des Opffers Chriſti am Creutz. Dañ er ſpricht/ Diß thut zu meinem Gedächtnuß. Nit ein anders Opffer/ wie der Hohe prieſter/ ſonder eben daſſelbe/ Ja viel mehr das Gedächtnuß deſſelbigen Opffers/ halten wir allzeit. Item/ Was nenne ich Gemeinſchafft? Daß wir viel ein Leib ſind. Dann was iſt das Brodt? Der Leib Chriſti. Was werden aber die es nemmen? der Leib Chriſti. In Pſal.22. Ad Hebr. Hom.17. In 1.Cor.11 Hom.14.

  Theodoretus/ Chriſtus hat die Namen alſo gewächſelt/ daß er ſeinen Leib das Zeichen/ vnd das Warzeichen ſeinen Leib hat genennet/ vnnd die ſichtbaren Warzeichen mit dem Namen ſeines Leibs vnnd Bluts geehret/nicht darumb/ daß er jhre Natur verändert hette/ ſonder daß er ſeine Gnade darzu hat geſetzt. Dial.1.

  Dergleichen Zeugnuß ſind bey dieſen vnd bey allen andern Vättern in groſſer mänge zufinden/ wie ſolche anderswo von vns vnd von andern nach der länge erzelet ſind. Iſt allhie gnug dem Chriſtlichen Leſer/ ſo etwa dieſelbigen nicht durch durchsehen hat/kürtzlich zu zeugen/daß wir keine newe/sonder die vralte Lehr der Christenheit vom Abendmal des HErren führen vnd bekennen.

Diß achten wir auff dißmal/zu kurtzer Summarischer widerholung vnd befästigung vnserer Lehre vnnd Glaubens vom heiligen Abendmal des HERREN/gnug sein. Jedoch zur vbermaß/vnd den jenigen zu gut/so durch Menschliches ansehen verführet werden/haben wir nit wöllen vnterlassen hiebey zuerinnern/daß oberzelte vnsere Lehre vom Abendmal/dermassen in Gottes wort gegründet ist/daß auch die jenigen so vns Jrrthums inn diesem stück beschuldigen/durch stärcke vnd Augenschein der Warheit/zu solchem Bekanntnuß in jhren eigenen Schrifften gedrungen werden/daß wir vnsere Lehre zuerhalten/vnnd jhre zuwiderlegen/keines andern beweises bedürffen/dann eben jhre eigene Wort.

1. Sie bekennen/vnd ist war/daß Christus seinen Brüdern vnd Schwestern/in diesem seinem Testament solche Güter verschaffet vñ außmacht/deren wir nit allein allhie auff Erden/sonder auch in jener Welt ewiglich geniessen sollen. Nun werden aber die ewigen Hiñlischen Güter/ohn allen zweiffel nicht anders dann durch waren Glauben entpfangen vnd genossen/vñ werden allein den Brüdern vñ Schwestern Christi zutheil. Wo bleibet daß hie die mündlich niessung Christi/welche in jener Welt/da man des Predigamts vñ des Abendmals nicht mehr wirdt bedürffen/keinen Platz hat/vnnd den Glaubigen vñ Vnglaubigen/den Brüdern vnd den Feinden Christi/gemein soll seine.

2. Sie bekennen/vnd ist war/daß der vnterscheid des alten vnd newen Testaments/nicht allein das Nachtmal/sonder beyde Sacrament/des newen Testaments angehe. Nun stehet aber der vnterscheid des Tauffs vñ der al-

sen Sacrament/nit in einer leiblichen besprengung mit dem Blut Christi/Derhalben wirt auch das Abendmal nit durch ein mündlich niessung des Bluts vnd Leibs Christi von den alten Sacramenten vnterscheiden/sondern bleibet im Tauff vnd Nachtmal einerley Geistliche gemeinschafft Christi/wie zuuor auß dem Apostel Paulo angezeigt. Sie bekennen/vnd ist war/daß die vereinigung des Brods vnd Weins mit dem Leib vnd Blut Christi/ein Sacramentliche vereinigung sey.

3.

Nu ist aber der heilig Tauff auch ein Sacrament/vnnd derhalben im Abendmal keine andere vereinigung des Leibs vnd Bluts Christi/mit wein vñ Brod zusucht/daß im Tauff/des Bluts Christi mit dē Wasser/welche stehet in der bedeutung oder gleichnuß/vñ in der versicherūg oder in der entpfahung des Zeichens samt der bedeuten gabe/im rechten gebrauch des Sacraments. Sie bekennen/vnd ist war/daß das Fleisch Christi im Abendmal gessen/die Speise des ewige Lebens sey/ dadurch vnsere Seelen trost/vnd vnsere Leibe die vnsterbligkeit bekomen. Nu machts aber kein mündliche/leibliche/sonder allein die Geistliche niessung dieser Speise lebendig/so durch den Glauben geschicht/Sonst würdē allein die/vñ alle die lebendig gemacht/ so zum Abendmal gehē/welches weit gefelt.

4.

Sie bekennen/vnd ist war/daß die niessung Christi/so im Abendmal geschicht/außgenommen die niessung der eusserlichen Zeichen/Brodts vnnd Weins/eben dieselbige niessung sey/welche Christus Johannis am 6. Cap. lehret vnd verheisset. Nun ist aber auß der ganzen Predigt des HERREN Christi am selben ort/ offenbar/ daß er von keiner andern/ dann von der Geistlichen niessung durch den Glauben rede/ welche allein den Glaubigen/inn vnd ausser dem Abendmal/ widerfehret/im Abendmal aber mit dem sichtbaren Warzeichen.

5.

chen bestättiget wirt. An disem ort ist auch jr vnbeständigkeit zumercken/daß sie jre mündliche vbiquitetische niessung Christi im Abendmal/auß dem sechsten Capitel Johannis wöllen beweisen/vnd wann man jhnen dasselbe Capitel fürhelt/als das allein von der Niessung durch den Glauben redet/So muß es jnen als dann nit mehr zum Abendmal gehört/sonder allein von der Niessung reden/die auch ausserhalb des Abendmals geschicht.

6. Sie bekennen vnd ist war/daß das Fleisch Christi im Abendmal gessen/ein solche Speise sey/die da lebendig mache vnd behalte alle die sie essen/vnnd wer sie nicht esse/der müsse sterben. Nun macht aber das mündlich essen/sie machen es so subtil vnnd Geistlich als sie immer wollen vnd mögen/auch nach jhrem Bekanntnuß/nicht alle lebendig/vnd werden jr viel durch diese Geistliche Speise lebendig gemacht vnnd behalten/die zum Abendmal nicht kommen. Muß derhalben auch im Abendmal der Leib Christi also gessen werden/daß er alle die jn essen lebendig mache/vnd auch denen Glaubigen vnd Außerwehlten eben so wol/vnnd nicht weniger zur Speise gegeben werde/die zum Abendmal nicht kommen mögen/als die darzu gehen.

7. Sie bekennen vnd ist war/das diese Speise/den der sie isset/in sich verwandelt/vnd machet jhn jr selbst gleich/ Geistlich/lebendig/wie sie ist. Nun machet sie aber die Vnglaubigen jr nit gleich. Folget/daß sie diese Speise nicht essen. Dann Christus richtet vnd tödtet nicht wo er gessen wirdt/sonder wo er angebotten/vnd aber verachtet vnd verstossen wirdt.

8. Sie bekennen vnnd ist war/daß wir mit dieser handelung nicht mehr auff Erden/sonder im Himmel sind/vnnd wirdt warhafftig diß Abendmal im Himmel gehalten/ob gleich wir noch auff Erden seyen. Nun darff aber/der den Leib Christi im Himmel isset/

CXIX.

das ist/ demselbigen im Himmel eingeleibet wirde/ vnnd also auß jhm das ewige Leben hat/ denselben nicht auff Erden im Brodt/ in der Hand/ im Munde/ in seinem Leibe haben. Wie dürffen sie dann sagen/ wann wir die Allenthaldenheit des Leibs Christi/ die leiblich gegenwertigkeit/ vnd mündlich niessung verneinen/ daß wir darmit die ware gegenwertigkeit vnd niessung Christi auffheben vnd verleugnen? Sie bekennen/ vnd ist war/ die niessung Christi im Abendmal/ sey Geistlich/ Himlisch/ vnd vbernatürlich. Nun ist aber ein Geistlich essen/ nicht das mit dem Munde geschicht/ es sey sichtbar oder vnsichtbar/ sonder das mit dem Geist/ mit dem Hertzen/ mit dem Glauben/ durch wirckung des Geists GOTtes in vns geschicht. Deßgleichen ist auch das Himlisch vbernatürlich essen/ daß man im Himmel nit mit dem leiblichen natürlichen/ sonder mit dem Geistlichen Munde/ der Seelen vñ des Hertzen/ isset. Sie bekennen/ vnd ist war/ daß die gemeinschafft Christi im Abendmal sey mit seinen Gliedern/ daher wir Gebein sind von seinem Gebein/ vnd Fleisch von seinem Fleisch. Nun werden wir aber nicht Glieder Christi/ durch ein leiblich eingehen seines Leibs in vnserm Leib/ sonder durch den Glauben vñ seinen Geist. Vnd meinet Hilarius kein leiblich eingehen des Leibs Christi in vnsere Leibe/ da er sagt/ daß Christus in vns vnd wir in jhm bleiben durch niessung dieses Sacraments/ Auch Cyrillus nicht/ da er sagt/ daß Christus auch leiblich vnd natürlich in vns wohne/ sonder sie verstehen beyde/ daß wir nicht allein den Geist CHRIsti in vns wohnende haben/ sonder durch denselb auch mit seinem Leibe/ als Glieder mit dem Haupte vereinbaret/ vnnd demselben gleichförmig gemacht werden. Dann sie erklären sich gnugsam durch das sechste vnnd fünfftzehend Capitel Johannis/ welche von

Q seiner

9.

10.

keiner andern dann von dieser gemeinschafft Christi reden.

11. Sie bekennen/vnnd ist war/daß Christus mit diesen worten/ Das ist mein Leib/ ein solche niessung seines Leibs vns lehre/ ohne welche sich niemand des trostes seines Geists zuuersehen habe. Nun werden aber alle Außerwehlten des trosts vnd Geists CHRJsti theilhafftig/auch die zum Abendmal nicht können kommen. Folget/ daß CHRJstus eben diese niessung im Abendmal verheisse/ die vns auch ausserhalb desselbigen widerfähret.

12. Sie bekennen/ vnnd ist war/ daß CHRJstus von zweyerley geben seines Leibes rede/ da er saget/ Das Brodt daß ich geben werde/ ist mein Fleisch/das ich geben werde für das Leben der Welt. Das eine geben ist geschehen am Creutz/ da er ein Opffer worden. Das ander geben ist im Wort vnnd Sacrament/ da er ein Brodt vnnd Speise ist. Diß ist ein gute vnnd richtige Lehre/ Da sie bey dieser blieben/vnnd sie nicht mit frembden Glossen vnnd Zusätzen vmbkerten vnnd verderbten/wäre der vnselige/verderbliche Zanck ober dem Abendmal/schon längest auffgehaben vnd vergessen. Dann es ist also/daß nur diese zwey geben des Leibs CHRJsti sind/zum Opffer/ vnnd zur Speise. Vnd das geben zur Speise geschicht im Wort vnd in Sacramenten/vnnd ist eben ein geben vnd gemeinschafft CHRJsti vnd seines Leibs vnd Bluts im Wort vnd in beyden Sacramenten. Nun ist aber das geben im Wort vnnd im Tauff/ nicht Leiblich oder Mündtlich/ sondern Geistlich/ das ist/ durch Glauben vnnd den Geist CHRJsti. Folget augenscheinlich/ daß auch im Abendmal kein drittes/ besonders/ vnnd Leibliches geben muß gedichtet werden.

13. Sie bekennen/ vnd ist war/ daß CHRJstus inn seinem Abendmal gegenwertig sey nach diesen verheissungen/ Jch bin allezeit bey euch/
biß

biß an das ende der Welt. Item/ Wo zween oder drey inn meinem Namen versamlet seind/ bin ich mitten vnter jhnen. Nun gehen aber diese Verheissungen nicht allein auff das Abendmal/ sondern auff das gantze Predigamt/ ja auff alle ort vnnd zeiten/ da dem Wort vnnd Sacramenten geglaubet wirdt. Folget abermal notwendig/ daß CHRJstus bey vnnd in seinem Abendmal eben also/ vnnd nicht anders gegenwertig ist/ dann wie er bey der Predigt des Euangelij vnd bey dem Tauff ist/ vnd sich dadurch vns mittheilet/ vnd vns jm als seine Glieder einleibet/ vnd wie er zu allen zeiten vnnd orten bey vnnd in allen Glaubigen ist/ da ohn allen zweiffel kein leiblich wesentlich eingehen des Fleisches Christi in vnsere Leibe zudichten ist.

Endlich/ sagen sie auch zwey ding/ die beyde nicht allein nicht war sind/ sonder auch dermassen einander vmstossen vnnd auffheben/ daß sie keines wegs mit einander können war sein vnnd bestehen/ nemlich/ daß der Leib vnnd das Blut Christi allenthalben sey/ vnd daß sie leiblich vnd mündlichen gessen vnnd getruncken werden/ also/ daß man sagen müsse/ was der Priester in der Hand habe/ vnnd jhnen in den Mund gebe/ vnd was dergleichen ist. Nun ist aber gewiß/ vnd wirdt von jhnen/ wie bißher/ ewiglich wol vnwiderlegt bleiben/ daß ein solch ding/ das allenthalben ist/ nicht von einem ort an ander sich bewegt/ dann es keinen ort verläst/ vnnd an keinen andern ort kan kommen/ dieweil es schon zuuor an allen orten ist/ vnnd allezeit an allen orten bleibet/ wie dann solches von dem einigen/ vnendlichen/ Göttlichen wesen ohne alle Widerrede alle der heiligen Schrifft so wol als der Philosophia verständige bekennen. Vnnd widerumb/ was

Q ij   von

von einem ort ans ander wirdt beweget/ist nicht zugleich an allen orten. Dann zugleich allenthalben sein/vnd von orte zu orte kommen/sind also wider einander streittige eigenschafften/daß sie so wenig in einem ding zugleich können sein/als wenig Gott sterben/lügen/sündigen/geendert werden/oder nit Gott sein kan. Derhalben ist jnen nun offt gnug/aber biß her vergebens/fürgehalten worden/ wie ein böse vñ bawfällige Stützen sie der mündlichen niessung gesetzt haben/mit der newen von jnen erdachten allenhalbenheit des Leibs Christi. Dann ist diser allenthalben/so kan er ohn allen zweiffel nicht mündlich gessen/noch auß der Hand in den Mund entpfangen werden / weder auff grobe / noch auff subtile / weder auff natürliche noch vbernatürliche / weder auff Himlische noch Jrrdische / weder auff Leibliche noch Geistliche weise / oder wie sie es jmmer nennen oder glossieren wollen. Vnd wirdt also gantz vnnd gar kein vnterscheid der gegenwertigkeit des Leibs gelassen vor vnd inn / oder nach der niessung/sonder allein vnterscheid der wirckung. Wirt er aber mündtlich gessen/ so ist vnnd kan er ohne allen zweiffel nicht allenthalben sein.

Weil die nicht sehen noch hören wöllen/ die vns ohne vrsach schmähen vnd lästern/so mag es sehen vnd hören/ wem Gott Augen vnnd Ohren gibt zusehen vnd zuhören.

Beweiß/

CXXIII.

Beweiß/
Das obgesetzte vnsere
Lehre vnd Bekanntnuß/ von Christo/
vnd seinem Abendmal/ vnbillich vnd bößlich ge-
schmähet vnnd gelestert wird/ von denen/ so da für-
geben/ daß sie im Grund der Türckisch
glaub sey/ oder derselbe darauß
erfolge.

Vß diesem vnserem Bekannt-
nuß/ von der heiligen Dreyfaltigkeit/ von
Christo/ vnd von seinem Abendmal/ hof-
fen wir vngezweiffelt/ sollen für Gott vnd
der Welt/ für allen vnsern Freunden vnd
Feinden/ alle diejenige offentlich zuschan-
den/ vnd jrer gröblichen/ greifflichen vnd frechen vnwarheit/
genugsam vberwiesen werden/ die vns vnnd vnsere Lehre so
fälschlich vnd bößlich außschreien vnnd lestern/ als solten wir
die Ewige ware Gottheit Christi verleugnen/ oder die Per-
son Christi trennen/ vnnd zween Christos machen/ den einen
Gott/ den andern Mensch/ vnd solte vnser Bekanntnuß von
Christo/ solche verleugnung der Gottheit oder trennung der
Person Christi mit sich bringen/ vnnd im Grund nichts an-
ders denn der Türckische glaub sein.   Denn wir nicht allein
hiemit alle Arianische/ Samosatenische/ Türckische vnnd
Mahometische/ auch Nestorianische/ Marcionische vnd Eu-
tychianische

Q iij

tychianische grewel vnd Gotteslesterungen/außdrücklich mit
Mund vnd hertzen verneinen vnd verfluchen/ vnd dargegen/
die Göttliche Warheit dermassen bekennen/ daß vns ohne
zweiffel keine Arianer noch Mahometisten oder andere alte
oder newe Ketzer vnd Vnchristen für jhre glaubensgenossen
werden erkennen/ Sonder auch dieselben alle/ mit vnserer
Lehre/ das ist/ mit grund Göttlichs Worts/ Gott lob/ viel
besser vnd stercker widerlegen vnnd zu boden stossen/ denn die
jenigen/ die den Kot/ damit sie sich beschmieret haben/ mit
liegen vnnd mit schmähen/ an vns zuwerffen/ sich vergeblich
vnterstehen. Tragen wir derhalben keinen zweiffel/ daß wir
nur mit vnserm blossen Bekanntnuß vnsers glaubens/ bey
allen Gottsförchtigen/ die Warheit liebenden/ Friedsamen
vnnd verstendigen Christen/ wider solche grewliche verleum-
bungen vnd lesterungen/ genugsam verantwortet seien. Da-
mit aber auch einfaltigen vnd doch guthertzigen Leuten/ al-
ler anstoß vnd Ergernuß auß dem wege gereumt werde/ vnd
dem Vatter aller Lügen/ dem Teuffel/ noch baß die Larven
abgezogen werde/ auff daß er durch seine Werckzeuge/ So-
phisten/ vnd Lestermeuler/ die schwachen gewissen nicht kön-
ne verwunden noch betrüben/ So wollen wir/ so viel die kür-
tze mag leiden/ auch gründlich anzeigen vnd darthun/ daß die
ware Ewige Gottheit Christi/ vnd die einigkeit seiner Per-
son/ durch vnsere Lehre von der einigen Person vnd zweien
Naturen Christi/ vnd von seinem Abendmal/ nicht allein kei-
nes wegs vmbgestossen/ noch angefochten noch verdunckelt/
Sonder auch viel mehr eben durch dieselbe/ zum höchsten vnd
klärlichsten/ erwiesen/ bestättiget vñ vertediget wird/ vñ dar-
nach der gantzen Christenheit zubedencken stellen/ Ob vnsere
oder vnserer Verleumder Lehre/ den Arianischen vnd Ma-
hometischen

hometischen Gotteslesterungen mehr beheleff vnnd einzureissen anlaß gebe.

1. Wir glauben vnnd bekennen von der heiligen Dreyfaltigkeit/ Daß der Ewige Vatter/ samt seinem gleichewigen Sohn vnnd heiligen Geist/ der Einige/ Warhafftige GOTT sey/ vnnd die ander Person von diesen dreyen/ der Ewige Sohn GOttes/ sey also ein warer Mensch worden/ daß er ware Menschliche Natur in vñ von Maria der Jungfrawen hat an sich genommen/ vnnd worden ist/ das er zuuor nicht war/ vnd dennoch blieben ist vñ Ewig bleibet/ das er von ewigkeit war. Ist aber nu der ewige Gott ein warer Mensch/ vnd nemlich dieser Mensch Jesus Christus worden/ vnd dennoch warer Gott blieben/ So muß je auch herwiderumb dieser Mensch warer Gott sein/ vnd in jhm/ Gott vnd Mensch ein Einige Person sein.

2. Wir glauben vnd bekeñen/ von der Person Christi/ daß die Persönliche vereinigung/ damit der ewige Sohn Gottes jm seine angenomene Menschliche Natur vereiniget hat/ sey ein verborgene vnd vns in diesem leben vnerforschliche verbindung dieser zweier Naturen/ dadurch sie beide das wesen vnd Substantz einer einigen Person werden/ wie Leib vnnd Seel durch heimliche verbindung vnd zusamenfügung/ das wesen eines gantzen vñ einigen Menschẽ sind. Darauß folget je/ daß diese Person warhafftiger Gott/ vnd warhafftiger Mensch sey/ Dieweil sie beide Naturen/ die Göttliche vñ die Menschliche in jrer Substantz vñ wesen hat/ vnd dennoch Gott vnnd Mensch nicht zween/ sonder nur ein einiger Christus ist/ dieweil beide Natur als theil einer gantzen Person mit einander vereinbaret sind/ wie auch der Mẽsch sterblich vñ vnsterblich/ sichtbar vñ vnsichtbar ist/ vñ dennoch der sterbliche vnd sichtbare

bare Leib/ vnd die vnsterbliche/ vnd vnsichtbare Seele/ nicht zween Menschen/ sonder nur ein einiger Mensch sind/ dieweil beide diese Naturen/ als stück/ vnnd theile des wesens einer einigen gantzen Person/ mit einander vereiniget sind.

3. Wir glauben vnd bekennen/ daß in Christo warhafftig Gott ist schwach gewesen/ hat gelidden/ ist gestorben/ auff erstanden/ hinauff gen Himmel gefahren/ zu einer zeit nur an einem ort ist/ vnd alle eigene art vnd wirckungen eines warhafftigen Menschen hat/ Vnd herwiderumb/ daß der Mensch allezeit ist allmächtig gewesen/ hat weder leiden noch sterben können/ hat sich vnd andere vom Thode erwecket/ ist allezeit im Himmel gewesen/ vnd auff Erden blieben/ allezeit allenthalben ist/ vñ alle Göttliche eigenschafften vnd wirckungen/ nicht allein mit dem Namen/ sonder in der that vñ Warheit/ hat vnd vbet. Dieses alles kan vnd mag nicht sein/ Es sey deñ daß Gott zugleich warer Mensch/ vnnd der Mensch warer Gott sey/ vnd also Gott nach seiner Menschheit/ Menschliche eigenschafften vnnd wirckungen habe/ vnnd der Mensch nach seiner Gottheit Göttliche eigenschafften vnd wirckungen habe. Darumb auch alle vnglaubigen vnd Ketzer/ so die Gottheit Christi leugnen/ oder auß einem Christo zween Christos machen/ den einen Gott/ den andern Menschen/ wie Nestorius/ solches alles keines wegs gestehen.

4. Wir glauben vnd bekennen/ daß die einige Person Christus/ zweierley vnterschiedene eigenschafften vnd wirckungen habe/ Göttliche vñ Menschliche/ Also/ daß ebt einer zugleich schwach vnd Allmächtig/ sterblich vnd vnsterblich gewesen/ Allenthalben zugleich/ vnd jeder zeit nur an einem ort gegenwertig ist/ von einem ort ans ander komt/ vnd zuuor allenthalben ist vnd von keinem ort weichet/ lebendig gemacht vnd
erhalten

erhalten wird/vnd das leben selbest ist/dem heiligen Geist entpfahet/ vnnd denselben gibt. Ist aber diesem also/ so müssen ware Göttliche vnd Menschliche Natur vnterschieden/ vnd doch eine Person vnd ein einiger Christus sein/ der in seinem wesen vnd Substantz beide Naturen habe/ denen solche eigenschafften vnd wirckungen zugehören.

5. Wir glauben vnd bekennen/ daß der Mensch Christus/ nicht allein nach seiner verklärung vnnd Himmelfahrt/ sonder auch da er Thod am Creutz hieng vnd im Grab lag/ vnnd ohne zweiffel mit seinem Leibe nicht lebendig/ noch mit seiner Menschheit allenthalben oder Allmächtig war/ dennoch nicht weniger denn jetzund in seiner Herrligkeit/ lebendig/ Allmächtig/ allenthalben/ Erhalter vnnd Regierer aller ding gewesen ist. Diß alles wird kein Türck noch Nestorianer bekennen. Denn es je nicht könde sein/ so dieser Mensch nicht Warhafftiger Gott were/ vnnd die Gottheit von der Menschheit auch im Thode vngetrennet bliebe/ da doch Leib vnd Seele von einander getrennet/ vnd gescheiden/ vnd nicht bey einander an einem orte waren.

6. Wir glauben vnnd bekennen von dem heiligen Abendmal des HERREN/ daß dieser Mensch Christus Jesus/ das heilige Abendmal/ samt allen Sacramenten/ vnnd dem gantzen Predigamt Göttlichs Worts von anbegin/ hab eingesetzt/ vnnd durch dieselbigen krefftiglich in den hertzen der Menschen wircke/ vnd den heiligen Geist gebe. Diß aber alles gebüret keinem andern/ vnnd ist keinem andern zuthun möglich/ denn dem einigen waren/ Allmächtigen Gotte/ der allein durch seinen Geist kan wircken. Weil denn diß alles dieser Mensch Jesus gethan vnnd noch thut/ so muß je dieser Mensch zugleich warer ewiger Gott sein.

R   Wir

7. Wir glauben vnnd bekennen/ daß das heilige Abendmal darzu von Christo sey eingesetzt/ daß wir jhm darinnen vnd dadurch sollen für seine wolthaten dancken/ Nemlich/ daß er vns von Sünden vnd Ewigem Thod erlöset vnnd gefreiet hat/ vns Gerechtigkeit vnd Ewiges leben schencket vnd in vns wircket/ vnnd jhm zudienen/ jhn anzuruffen/ all vnsern glauben vnd vertrawen auff jhn zusetzen/ vnnd all vnser heil vnnd Seeligkeit von jhm zugewarten/ vns offentlich verpflichten. Diese wolthaten aber kan vns niemandt geben/ vnnd dieser Ehre ist niemande wirdig oder fähig/ denn der einige ware Gott. Ist derhalben der danck vnnd die Ehre/ so wir diesem Menschen Christo/ im brauch des Abendmals erzeigen/ ein offentliche/ für allen Creaturen hochschallende Bekanntnuß vnnd Rhümung der waren Ewigen Gottheit Christi.

8. Wir glauben vnnd bekennen/ daß vns CHRJstus in seinem Abendmal warhafftig speiset vnnd trencket mit seinem waren/ wesentlichen/ Menschlichem Fleisch vñ Blut/ das ist/ vns zu gliedern seines Leibs/ vnd also aller seiner verdienst vnnd wirckung theilhafftig/ vnnd entdlich jhm selbst gleichförmig machet/ daß er in vns vnnd wir in jhm ewiglich bleiben. Also aber könde vns dieser Mensch sein Fleisch zuessen/ vñ sein Blut zutrincken nicht geben/ weren auch sein Fleisch vnd Blut nicht ein lebendigmachende Speise vnnd Tranck/ wenn er nicht zugleich warer Gott were. Denn seinem Leibe kan er vns nicht einleiben/ es sey denn/ daß er in vns vnnd allen Ausserwelten samt seinem Vatter wohne/ vnnd vns seinen Geist gebe/ durch welchen der Vatter vnnd der Sohn in vns jhre wohnung machen vnd haben/ Dieweil der Leib endtlich vmbschrieben vnnd zu einer zeit nur

an einem ort ist vnnd bleibet/ vnnd keines wegs in vnsere Leibe kompt/ vnnd derwegen in jhm ware Göttliche Natur sein muß/ die zugleich allenthalben ist/ vnd in allen Ausserwelten wohnet. Darumb auch andere heilige Menschen/ ob wir schon durch den Geist CHRISTI/ der in vns vnd jhnen wohnet/ auch mit jhnen als mitglieder eines Leibs verbunden vnnd vereinbaret werden/ dennoch nicht die Speise des Ewigen lebens sind noch sein können/ auch nicht deshalben in vns vnnd bey vns sein/ (wie vnser gegentheil darauß wil schliessen) nicht allein darumb/ daß sie nicht das Opffer sind für vnsere Sünde/ noch vns gnad bey GOTT vnnd vergebung der Sünden haben erworben/ vnnd der glaub auff jhnen/ als auff Menschen vnnd Creaturen nicht mag beruhen/ Sonder auch darumb/ daß sie nicht das Haupt dieses Leibs sind/ welches den lebendigmachenden Geist in die glieder außgeust/ vnnd durch denselben jhm selbest einleibet/ vnnd gleichförmig machet. Denn nicht auß jhnen/ sonder allein auß Christo entpfangen wir vnd sie den Geist vnd das leben/ vnnd nicht sie/ sonder Christus machet vns vnnd sie zu gliedern seines Leibes/ vnnd hat in vns seine Ewige wohnung. Vnd sölches geschicht daher/ daß das Ewige wort des Vatters ein theil seines wesens ist/ nach welchē/ nicht nur der in jhm wohnet/ sonder er selbst vberall ist/ den heiligen Geist von sich außgeust/ vnd vns jm zur wohnung machet. Derhalben/ wo diese Geistliche niessung CHRIsti/ wie sie in GOTTES Wort erkläret ist/ bekannt vnnd geglaubet wird/ da kan die Gottheit vnnd einigkeit der Person Christi/ als der Grund/ darauff sie stehet/ nicht geleugnet werden.

  Auß diesen vnnd dergleichen gründen/ ist meniglichen/ der nicht mutwillig blind wil sein/ genugsam kund vnnd offenbar/ daß kein gröbere/ vnuerschämtere/ Gottslesterischere Lügen kan gelogen werden/ denn eben diese ist/ daß vnser Bekanntnuß von Christo vnnd seinem Abendmal/ im Grund der Türckisch glaub sey/ vnd die Gottheit Christi verleugne. Doch damit dieser freche Geist des da weniger/ den einfaltigen könne Brillen auffsetzen vnnd schaden thun/ So wollen wir auch durch das Fewer der Warheit Göttliches Worts lassen gehen seinen schönen Beweiß/ damit er solche grewliche vnleidliche lesterung auff vns vermeinet zubringen.

Wenn wir alle Schrifften dieses Geistes durchsehen/ finden wir keinen andern Grund/ dieses Babylonischen/ sich selbst vberwegenden/ vnd zu Boden werffenden Thurns seiner lesterung/ denn daß er für vnnd für schreit vnnd treibt/ So die Menschliche Natur (das ist Leib vnd Seel) in Christo/ nicht Allmächtig/ Allwissend/ vnnd allenthalben gegenwertig sey/ vnd die Gottheit nicht alles durch diese Menschliche Natur wircke/ So sey darumb der Mensch Jesus Christus nicht Allmächtig/ Allwissend/ vnnd allenthalben gegenwertig/ vnd wircke nicht alles was Gott wircket/ vnd derhalben sey er auch nicht warer Gott. Da wird alsdenn ein Zetergeschrey gemacht/ Man lasse Christum nicht mehr sein/ denn einen blossen Menschen/ der keinen vorzug habe für andern heiligen/ Es werde vnserm HERREN Christo seine Allmächtigkeit gantz vnd gar abgesprochen vnd verleugnet/ vnnd Christus gar verloren/ vnnd als denn die Herdrummel darauff geschlagen/ Türcken/ Türcken/ Türcken/ mitten im Land.

Was dünckt aber alle Christi/ ja alle biderleut vff diesen
statlichen

stattlichen beweiß? O du schalckhafftiger Knecht/der du deine Mitknechte schlechst/vnd issest vñ trinckest mit den Truncke nen/Wehe dir (so du in deiner Schalckheit verharrest) wann dein HERR kommen wirt/an dem tage/deß du dich nicht versihest/ vnnd zu der stunde die du nicht meinest/ vnnd/ wirdt dich zuscheitern/ vnnd wirdt dir deinen Lohn geben mit den Heuchlern.

Es ist zwar nun offt vnd vil gnug auff diese vngeschickte/läppische/ aber doch gifftige vnd schädliche Sophisterey/ Calumnien vnnd Verleumbdung/anderswo vnnd in diesem vnserm Bekanntnuß geantwortet/ also/ daß ein jeder auch ringuerständiger Christ/ leichtlich dieselbige kan widerlegen. Doch wollen wir zur vbermaß kurtze antwort allhie widerholen. Ehe wir aber darauff antworten/ wollen wir dise zwey stück/ den Christlichen Leser widerumb erinneren/ Erstlich/ daß vnsere Verleumbder/ mit dieser jrer folge/ nit vns allein/ sonder zuuor Christum selbst vnd alle seine Apostel/ vnd darnach alle Väter vnd alte Scribenten der Christenheit/ auch alle andere der Augspürgischen Confession verwandte/so jre newe vbiquitetische gedichte nicht annemen/ auff einen hauffen/ vnd zum andern auch sich selbst mit jrem eigenen Bekäntnuß für Türckisch oder Nestorianisch schelten. Dann wie gewiß vnd sicher sind/ vnnd hie zuuor vnd anderswo von vns vñ von andern erwiesen vnd dargethan/ daß wir von dem vnterscheid der zweyen Naturen in Christo/ vnd von seinem Abendmal nichts anders glauben vnd lehren/ dann fürnemlich die H. Schrifft lehret/vñ demnach alle vnuerwerffliche/ alte/ Christliche Lehrer/ vnnd die gantze vralte/ Apostolische/ rechtglaubige Kirche/ wie jre Bücher so fürhanden sind/vnlaugbarlich bezeugen/ geglaubet/ bekanne/ vnd wider alle Keher vertheidiget vnnd erstritten haben. Diß ist von den Vättern vnd der Augspurgischen Confession Verwandten (dann der heiligen Schrifft müssen sie sich schanden halben rhümen) so offentlich am tage/daß es auch die jenigen/die vns so vbel schelten vnd verdammen/mit keinem schein können leugnen. Nun hoffen wir aber/es werde in der gantzen Christenheit/ja vnder allen vnsern Freunden vnd Feinden/die nur etwas Verstands vnd Ehre in sich habe/niemand so vnbedächtig sein/daß er die Schrifft/oder zum wenigsten alle Vätter vnnd alte Scribenten der Christenheit/die vor der ankunfft des leidigen Papsthums gelebt haben/auch alle Euangelische Kirchen/außgenommen die Vbiquitisten/für Ketzer/für Vnchristen/für Türcken vnnd Mahometisten/halten oder schelten werde. Muß derhalben der vnuerschämte Lästergeist/es sey jm lieb oder leid/entweder Christum/die Apostel/vnnd alle Vätter/sampt allen reformierten Kirchen/mit vns zu Türcken machen/oder vns mit denselben vngeschmähet lassen.

Es ist aber auch auß disem die blindheit dieses Schwindelgeists zusehen/daß jn die vnüberwindliche stärcke der Warheit/so viel zubekennen zwinget/daß er entweder sich auff sein eigen Maul schlagen/vnnd vns vngetürcket lassen/oder selbst auch ein Türck sein muß. Dann sie geben für/daß der Sohn GOttes die Allmächtigkeit mit der angenommenen Menschlichen Natur gemein habe/also/daß er dieselbe jetzt in seiner Maiestät nicht brauche/noch erzeiget/ohne die angenommene Menschliche Natur/sondern in derselbigen/durch dieselbige/vnnd mit derselbigen/alles wircke/vnnd alle Werck seiner Allmächtigkeit mit derselbigen gemein habe. Vnnd zwar/daß er auch in seiner Schwachheit/ja in seinem

leiden

Leiden vnnd Tode/alle Werck der Allmächtigkeit/durch seine Seel vnnd Leib soll gewircket haben/ dürffen sie sich nicht erwegen zusagen/ Dan es were zu grob gesponnen/vnd würde jhnen solches niemand glauben. Bleibet aber nu CHRJ-STUS nicht GOTT/vnnd wirdt seine Gottheit auff Türckisch verleugnet/oder seine Person auff Nestorianisch getrennet/so die Gottheit nicht alles durch die Menschheit wircket/vnnd die Menschheit nicht eben so wol als die Gottheit Allmächtig ist/ Vnnd aber erst jetzt in seiner Maiestät solches geschicht (wie sie fürgeben) wie wirdt es dann ein gestalt gehabt haben zuuor/ehe dann er in seine Maiestät erhaben/vnnd noch in seiner nidrigkeit vnd schwachheit/ja auch in dem Tode war? Wer sihet allhie nicht/daß entweder die Gottheit des Menschen CHRJSTJ nicht darinnen stehet/daß die Gottheit alles durch die Menschheit wircket/ oder diese vnsere Widersacher zur zeit der Schwachheit vnnd des Leidens / müssen einen Türckischen vnnd Nestorianischen CHRJSTVM machen? Seind sie des nicht geständig/ so sollen sie auffhören an vns für Türckisch zuschelten/das sie selbst müssen bekennen.

 Item/ Sie bekennen/daß der Vatter dem Sohn/nach der Menschheit/nicht auff einmal alles gezeiget/sondern die Schätze der Weißheit vnd Erkanntnuß/so in jhm verborgen sind gelegen im stand seiner ernidrigung/hat er jm nach vnd nach geöffnet vnd gezeiget/biß er durch den Tod/die Knechtsgestalt hingelegt/ vnnd zu der Rechten der Maiestät/vnnd Krafft Gottes seines Himlischen Vatters gesetzt ist. So dann dem Menschlichen verstand Christi/nit alles offenbaret gewesen/sondern nach vnd nach die sich der Weißheit sind eröffnet/so muß Christus dannoch Gott bleiben/obgleich seine
Mensch-

Menschheit nit alles weiß wie seine Gottheit/ Sonst were er vor der Aufferstehung vom Tode nicht warer Gott gewesen.

Item/ Sie bekennen hiemit/daß CHRistus durch den Tod die Knechtsgestalt abgelegt/vñ zu der Rechten der Maiestät vnd Krafft Gottes gesetzt sey. Wir geschweigen jetzund/ daß sie bißher wider alle heilige Schrifft gestritten/ Christus sey zur Rechten Gottes gesetzt/da er in Mutter leib entpfangen ward/Nemmen diß für bekannt an/daß er nach dem tode sey zur Rechten Gottes gesetzt/wie dann die Warheit ist. Wirt aber darauß folgen/nach der Widersacher Lehre/ daß zuuor seine Menschheit nicht Allmächtig/Allwissend/allenthalben gegenwertig gewesen. Dann diß nennen sie die Maiestät vnd die Rechte Gottes/ zu der Christus gesetzt ist. Hat er aber dazumal können warer Gott sein/ vnd vngetrennet bleiben/ohn die Allmächtigkeit vnnd Allenthalbenheit der Menschlichen Natur/warumb solte er diß nit auch jetzund können sein vnnd bleiben/ ob er gleich den vnterscheid seiner beyden Naturen/ so wol als zuuor/behelte.

Item/ Sie bekennen/daß Allmächtigkeit vnd Allwissenheit/nichts anders sey dann Gottheit/ oder Göttliches wesen/ vnnd derhalben auch Allmächtig/ Allwissend/allenthalben sein/ ist so viel als Gott sein.   Nun ist aber ohn allen zweiffel die Menschheit Christi nicht GOtt. Folget/daß sie auch nicht Allmächtig/Allwissend/allenthalben sey/ Ob wol der Mensch Christus Gott vnd Allmächtig ist. Ist dise folge Türckisch/ so muß auch der grund Türckisch sein/ darauß sie vnwidersprechlich folget/ vnnd die jenigen die solchen grund setzen.

Item/Sie bekennen jetzund/daß in Christo kein erschaffene Allmächtigkeit/Allwissenheit/Allenthalbenheit sey/son-
der allein

der allein die einige vnerschaffene Allmächtigkeit vnd Allwissenheit/ welche das ewige Göttliche wesen selbst ist. Diß einige fünchlein der Warheit/ ist so starck vnnd krafftig/ daß dauon das gantze Türckenbuch/ dieses der Warheit vnnd jhm selbst widerwertigen Geistes/ in dem Rauch auffgehet. Dann sie springen hoch oder nider/ so müssen sie dannoch bekennen/ daß in CHRIsto nicht allein Göttlicher vnerschaffener verstandt/ Weißheit/ Krafft vnnd Stärcke ist/ Sondern auch Menschlicher/ erschaffener Verstand/ Weißheit oder Wissenschafft/ vnd Stärcke/ welche ohne allen zweiffel nicht das Göttliche wesen sind. Nun ist aber/ jrem Bekanntnuß vnnd der Warheit nach/ die erschaffene Stärcke vnnd Wissenschafft/ kein Allmächtigkeit vnnd Allwissenheit/ das ist/ kein vnendliche Krafft vnnd Weißheit/ die dem Göttlichen wesen gleich were. Ist diesem also/ wie es ohne zweiffel ist/ so bleibet in CHRIsto für vnd für biß in Ewigkeit/ neben der Göttlichen vnerschaffenen vnendlichen Krafft vnd Weißheit/ auch die Menschliche/ erschaffene/ endliche Krafft vnnd Weißheit/ ob gleich diese grösser ist in jhm/ dann in allen Engeln/ vnd Menschen. Eben diß aber/ vnd nichts anders/ ist vnser Glaube vnnd Lehre/ welches/ wann sie es sagen/ so ist es vom Himmel/ vnnd alles Christlich vnnd wol geredt/ Wann aber wir es sagen/ so muß es auß der Helle geredt/ vnnd der Türckisch Glaub sein. Des wirdt Gott zu seiner zeit ein Richter sein.

Jetzund wollen wir jren Beweiß/ damit sie vns vermeinen zu Türcken zumachen/ für die Hand nemmen. Jr grund/ wie gemeldet/ ist diser/ so die Menschheit Christi nit Allmächtig/ Allwissend/ allenthalben ist/ vnnd alles wircket/ was die Gottheit wircket/ So ist vnnd thut solches auch der Mensch

S　　　　Chri-

Christus nicht. Darzu aber sagen wir rund vnnd beständiglich nein. Dann diß ist nicht allein bißher ein vnerhörte Rede in der Christlichen Kirchen/ vnnd an jhr selbest gantz vnchristlich vnnd vngereimt/ sondern würde auch ein Quelle vnd Vrsprung sein viler vngehewren Ketzereyen vnd lästerlichen Irrthumen/ da man den vnterscheid zwischē dem Menschen Christo vnd der Menschheit oder Menschlichen Natur Christi/auffheben wolte/wie diser jrrige Geist offentlich vnd außdrücklich thut. Das wort/Mensch/heisset ein Person/die Menschliche Natur in jhrem wesen hat/ sie habe gleich neben diser auch ein andere Natur/wie der Mēsch Christus auch die Göttliche hat/oder dise nur allein/wie die andern Menschen. Aber das wort menschheit/oder Menschliche natur/begreifft nicht beyde oder mehr Naturen/ sonder nur diese einige Natur/ die auß Menschlichem Leib vnnd Seel bestehet. Also auch das wort/Gott/heisset ein Person die Gott ist/ das ist/ Göttliche natur in sich hat/sie sey zugleich etwas anders/wie die ander Person der Gottheit/ der ewige Sohn/ auch zugleich Mensch ist/oder sey allein Gott/ wie der Vatter vnnd der heillge Geist. Aber das Wort/ Gottheit/ heisset vnnd begreifft nichts mehr dann allein Göttliche Natur vnnd wesen. Darumb kan man recht vnnd mit Warheit sagen/ GOTT ist Mensch/ GOTT hat gelidden/ vnnd ist für vns gestorben/ aufferstanden/vnnd gehn Himmel gefahren/ Were aber nicht war/ da man sagen wolte/ Die Gottheit ist Mensch oder Menschheit/hat gelidden/ist gestorben/aufferstanden/gen Himmel gefahrē. Also ist auch war/daß der Mensche Christus Gott sey/ist aber nicht war/daß die Menschheit Christi Gott sey. Vn derhalben ist auch war/ daß der Mensch Christus Allmächtig/Allwissend/allenthalbē ist/vn alles wir-

cct

cket was die Gotheit wircket. Daß aber die Menschheit Christi Allmächtig/ Allwissend/ allenthalben ist/ vñ alles wircket/ was die Gottheit wircket/ ist so wenig war/ als da war ist/ daß die Menschheit Gott sey. Hat dieser Geist/ der sich außgibt/ die Leut zulehren/ wie man die Zwinglianer (wie er vns neñet) in die Schule führen soll/ solchen vnterscheid der Person vnd der Natur/ Gottes/ vnd der Gottheit/ des Menschen vnd der Menschheit/ nicht gelehrnet/ So ist er noch zumal ein grober Schüler/ vnd bedarff sehr wol/ daß er in die Kinderschul gehe/ vnnd lehrne jn zuuor/ ehe dann er sich vnterstehet mit seinem schreyen/ poltern/ lästern vnd schmähe/ die Kirche Christi vnruhig zumachen/ vnschuldige Leut zuketzern/ vnd zuuerdammen seines gefallens/ vnd die gantze Welt zureformiren. Wir wissen wol/ daß die Vätter bißweilen die wort/ Mensch/ vnd Gott/ für diese Wort/ Menschheit/ vnd Gottheit/ das ist/ die Namen der Person/ für die Namen der Naturen brauchen/ Aber wir wissen auch darneben/ daß sie sich also erklären/ daß sie alsdann verstehen den Menschen nach dieser Natur/ nach welcher er Mensch ist/ vnd Gott/ nach diser Natur/ nach welcher er Gott ist. Wir wissen auch daß sie Gott dem Son göttliche vnd Menschliche eigenschafften vnd wirckungē zuschreiben/ Seiner Gottheit aber allein Göttliche/ vñ nit Menschliche/ vnd also auch dem Menschen/ Göttliche vnd Menschliche/ Aber seiner Menschheit oder Menschlichen Natur/ allein Menschliche/ vnd nicht Göttliche.

Allhie aber treibt der Türckeschreyer vil vnnütz geschwätz/ daß mit dieser weise der Mensch Christus nur mit dem Titel vnd Namen/ aber nicht mit der that vnd Warheit/ Allmächtig/ Allwissend/ vnnd allenthalben sey/ vnnd Göttliche wirckung vbe. Diß aber ist nit allein ein vngeschickte/ tölpische einrede/sonder auch ein offentliche lästerung des Sons Gottes. Dann es ist so viel gesagt/daß die ewige ware Gottheit/mit welcher die Menschheit dieses Menschen Persönlich vereinbaret vnd verbunden ist/vnnd welche mit der Menschheit das Wesen vnd die Substantz dises Menschen ist/auch die heimliche/ vnaußsprächliche verbindung vnnd vereinigung der Gottheit vnd Menschheit in Christo/nit that vnd warheit/ sonder allein blosse Wort/Namen vnd Titel seye. Hat dieser Mensch Christus/die ewige Gottheit in sich / als einen theil seiner Substantz vñ Person/vñ ist die Gottheit die Allmächtigkeit selbst/wie darff dann dieser Geist so vnerschämt sein/ daß er sagt/dieser Mensch sey nicht mit der that/sonder allein mit dem Namen Allmächtig? Der Mensch ist vernünfftig/ vnnd nicht vernünfftig/vnsterblich/ vnnd sterblich/ mit dem Namen vnnd mit der that/ob gleich nicht alles vernünfftig vnnd vnsterblich ist/was an dem Menschen ist/sonder allein die Seele/vnd nicht alles an jm vnuernünfftig vnd sterblich ist/sonder allein der Leib/vnd derwegen die Seel vernünfftig vnd vnsterblich/der Leib vnuernünfftig vñ sterblich/ mit Namen vnd mit that/ Aber die Seele vnuernünfftig vnd sterblich/der Leib vernünfftig vnd in diesem Leben vnsterblich/weder mit Namen noch mit that.

Die vrsach ist offenbar/daß nemlich/das Wort Mensche/die gantze Person des Menschen/ Leib vnd Seel zusammen/ begreifft/ Aber die Wort/ Seel vnd Leib/ jedes nur ein theil/vñ die eine Natur/ die Seel/die Geistliche/ der Leib/die Leibliche Natur heisset vnd begreifft. Darumb/wann man sagt/ der Mensch ist sterblich vnd vnsterblich/ oder/ der sterbliche Mensch ist auch vnsterblich/oder/der vnsterblich ist auch sterblich/diß ist alles war / vnnd recht geredt/da es allein recht

verstanden

verstanden wird/daß er sterblich sey nach dem Leibe/vnd vnsterblich nach der Seele/vnd ist vnnd bleibt dennoch eben ein Mensch/der diese beide ist. Werden derhalben hiemit Leib vñ Seele nicht vermischt/sonder jhre Persönliche vereinigung angezeiget vnd verstanden. Wenn man aber sagen wolte/der sterblich Mensch ist nicht auch zugleich vnsterblich/oder der Mesch der vnsterblich ist/der ist nicht auch zugleich sterblich/ (wir redẽ von diesem leben)diß were nicht ein vnterscheidung Leibs vnnd der Seelen/sonder ein trennung eines Menschen in zween Menschen/deren einer sterblich/der ander vnsterblich were. Herwiderumb/wenn man sagt/die Seele ist vnsterblich/vnd ist nicht sterblich/der Leib ist sterblich/vnd nicht vnsterblich/So ist es beides war/vnd werden damit Leib vnd Seel nicht getrennet/sonder vnterschieden. Wenn man aber sagte/die Seele vnd der Leib sind beide sterblich/oder/ sind beide vnsterblich/diß were keins weges war/denn es were nicht ein vereinigung/sonder ein vergleichung vnnd vermischung der Naturen. Vnd da man noch darzu setzte/der Leib oder die Seele were zugleich sterblich vnnd vnsterblich/So würde noch ein gröbere vnnd grössere vnwarheit darauß/ Nemlich/daß ein ding zugleich Ja vnd Nein/zugleich sterblich vnd nicht sterblich wer/welches wider allen verstand vnd Gottes ordnung vnd Natur ist. Auch da man darzu setzte/ daß die vereinigung Leibs vnnd der Seelen zu einer Person/ allein diß seye/vnd darinnen stehe/daß die Seele den Leib vnsterblich oder jhr gleich an eigenschafften vnnd wirckungen mache/So wurde nicht allein ein vermischung der geistlichẽ vnnd leiblichen Natur/sonder auch ein offentliche trennung der Person darauß werden/vnd an statt der Heimlichen verbindung vnd zusammenfügung/dadurch vnd vmb welcher

S iij willen

willen Leib vnnd Seel ein einige Person vnnd ein einiger Mensch sind/ würde gesetzt die gleichheit Leibs vnd der Seelen an eigenschafften vnd wirckungen/ welche kein Persönliche einigkeit machet/ wie zusehen ist an zweien Menschen/ die beide gleiche vnd einerley eigenschafften vnd wirckungen haben/ vnnd dennoch nicht einer/ sonder zween Menschen sind vnd bleiben.

Also nu auch/ weñ man sagt von Christo/ Christus hat endlichs/ ermeßlichs/ begreifflichs vnd vnendlichs/ vnermeßlichs/ vnbegreifflichs wesen/ sterck vnd weißheit/ Oder/ Gott hat in Christo endlichs wesen/ sterck vnnd weißheit/ ist gestorben/ ist gen Himmel gefahren/ Oder/ der Mensch Christus hat vnendlich wesen/ sterck vnnd weißheit/ hat nicht können sterben/ ist alle zeit bey vns/ so ist diß alles war in seinem rechten verstand/ Nemlich/ daß er endlich wesen/ sterck vnd weißheit habe/ nach seiner Menschheit/ vnendliches aber nach seiner Gottheit/ vnd ist dennoch eben ein Christus/ der beide ist/ Gott vnd Mensch/ endlich vnd vnendlich. Werden derhalbē in solchen reden/ die Gottheit vnnd Menschheit nicht vermischet/ sonder wird ihre Persönliche vereinigung damit angezeigt vnd verstandē. Weñ man aber sagen wolte/ der endliche Mensch Christus/ wehr nicht auch vnendlicher Gott an wesen/ sterck vnnd weißheit/ Oder/ der ware/ vnendliche Gott/ were nicht auch in Christo ein warer/ endlicher Mensch/ an wesen/ sterck vnd weißheit/ Da wurden die Naturen nicht vnterscheiden/ sonder von einander getrennet/ das ist/ die ware Gottheit des Menschen Christi/ vnnd die ware Menschheit Gottes in Christo/ verleugnet/ vñ hette als denn vnser gegenteil zuschreien/ dz zwene Christi gemacht wurdē/ einer mensch der ander Gott/ einer endlich/ der ander vnendlich. Herwiderumb/

rumb/weil man sagt(wie wir sagen)die Gottheit in Christo/ ist vnendlich vnd ist nicht endlich/die Menschheit ist endlich/ vnd ist nicht vnendlich an wesen sterck vnd weißheit/So ist es beides war/vnd werden damit die Gottheit vnd Menschheit mit nichten getrennet/sonder gebürlicher weise vnterschied. Wenn man aber sagt/die Gottheit vnnd die Menschheit in Christo/sind beide endlich/oder/(wie vnser gegteil sagt)sind beide vnendlich an wesen/sterck vnd weißheit(denn diß heist allenthalben gegenwertig/Allmächtig/vnd allwissend sein)diß kan keines wegs war sein noch bestehen. Denn es ist nicht eine vereinigung/als wenn man sagt/Gott vnd Mensch/ist endlich/oder/ist vnendlich/Sonder es ist eine vergleichung vnd vermischung der Naturen. Vnd da man noch erst darzu setze/die Menschheit/(wie gegenteil sagt)oder die Gottheit/sey zugleich endlich vnd vnendlich/zugleich allenthalben/vnd jeder zeit nur an einem ort/vnnd was dergleichen ist/So wird die vnwarheit noch grösser vnd greifflicher/Nemlich/daß eine Natur zugleich endlich vnnd vnendlich wesen/sterck/vnnd weißheit habe/zugleich sichtbar vnd vnsichtbar/schwach vnd Allmächtig/Thodt vnd lebendig sey/vnnd also fort von allen Göttlichen vnd Menschlichen eigenschafften vnd wirckung zureden. Vnd da man noch mehr darzu setzt/daß nemlich die vereinigung/der Gottheit vn̄ der Mēschheit zu einer Person/ eben diß/vnd allein diß sey/vnd darinnen stehe/daß die Gottheit jhr die Menschheit an eigenschafften vnnd wirckungen gleich mache/also daß sie auch allenthalben/Allmächtig/all wissend sey/so wol als die Gottheit(wie gegentheil fürgibt) So wird darauß nicht allein eine vermischung der Naturen/ sonder auch ein offentliche trennung der Person/vnnd an statt der heimlichen/wunderbaren verbindung vnnd
vereinigung/

vereinigung/ dadurch die Gottheit vnnd die Menschheit zu einer einigen Person/ vnd zu einem einigen Christo werden/ wird gesetzt die gleichheit an eigenschafften vnnd an wirckungen/ welche nicht einigkeit der Person/ sonder einigkeit der Natur vnd art/ wie an Engeln vnd Menschen/ vnnd an den Creaturen zusehen ist/ vnd einigkeit des wesens wie an Gott dem Vatter/ Sohn vnnd heiligen Geist zusehen ist/ welche durchauß einerley eigenschafften vnnd wirckungen haben/ so viel jhre Gottheit vnd wirckung in den Creaturen belanget/ vnd derwegen ein einiges wesen sind/ (denn diese eigenschafften vnd wirckungen/ nur einem einigen/ das ist/ dem Göttlichen wesen zugehören) sind aber darumb nicht eine Person/ sonder bleiben drey vnterschiedene Personen/ ob sie schon alle jhre wercke zugleich mit einander/ vnd darzu auch eine durch die ander in den Creaturen wircken.   Gehet man denn aber weiter vñ setzet noch darzu/ daß die Menschheit Allmächtig/ Allwissend/ vnd allenthalben sey durch das wesen der Gottheit/ So wird die vnwarheit erst mit vnsinnigkeit gehaufft vnd vberladen/ daß sie von jhrer eigen last in hauffen felt/ wie hernach zusehen.

Vnd hilfft allhie gegentheil nichts jre Sophisterey/ darinn sie sich freilich wie die Füchse in jhre Hölen/ vermeinen zuuerkriechen/ in dem sie sagen von zweierley wesen der Menschheit Christi/ von dem Natürlichen/ nach welchem sie jeder zeit nur an einem ort/ vnd an wesen/ sterck vnnd weißheit endlich ist/ vnd von dem Persönlichen/ nach welchem sie zugleich allenthalben/ Allmächtig/ Allwissend sein/ vnnd alles mit der Gottheit wircken soll. Zuuor machten sie ein langs vnd breite/ von dreyerley weisen des Leibs vnnd der Menschheit Christi/ der Natürlichen/ der Herrlichen vnd der Maie-
stetischen/

ketischen/ nach welcher der Leib Christi allenthalben sein sol te/ nach den andern zweien aber/ an einem ort. Nach dem sie aber diese höle nicht decken wil/ vnd die Göttliche Warheit/ welche nicht wil leiden/ daß ein ding zugleich widerwertige vnnd stracks mit einander streitende weisen an sich habe/ sie auß dieser höle gebrent hat/ so haben sie ein andere gegraben/ von zweierley wesen/ des Leibs Christi/ dem Natürlichen vnd Persönlichen. Diß alles ist nichts anders/ denn eitel betrug/ Sophisterey vnd new erdachte worte/ welche bey den Geler ten können auff beide seiten gedreet vnd gedeutet werden/ den vngelehrten aber vn einfaltigen/ gleich wie die Zauberworte/ vnuerstendlich/ vnd derhalben jhnen ein Nasen zudreen/ vnd sie in verwunderung solcher vnerhörten weißheit vnnd spitz findigkeit/ vnd in Irrthumb zuführen/ vnd mit geblendten Augen/ darinnen zubehalten/ dienstlich sind. Ein Natürlich wesen haben/ ist nichts anders/ denn ein Natur sein/ die von andern dingen mit art vnnd eigenschafften vnterschieden ist/ sie sey erschaffen oder vnerschaffen/ endlich oder vnendlich/ Also hat die Gottheit jhr Natürlich wesen/ die Menschheit auch jhr Natürlich wesen. Ist dem also/ so wird auch ein Persönlich wesen haben/ nichts anders heissen/ wenn man je also reden wil/ denn eine Person/ das ist/ ein lebendig/ versten dig/ gantzes/ vnd von allen andern dingē vnterschiedens ding/ sein/ es sey gleich allein für sich selbest/ oder mit einer andern Natur. Vnd wiewol es sehr gefehrlich ist also zureden/ die Menschliche Natur in Christo habe ein Persönlich wesen/ Denn es lautet also/ als were die Menschlich Natur in Chri sto ein Person/ welches Irrig/ vnd wider die beschreibung ei ner Person/ vnd wider den glauben von der einigen Person/ vnd der Menschwerdung Christi ist. Deñ der Son Gottes/

T. welcher

welcher ein Person von ewigkeit gewesen/hat nicht ein andere Person/sonder nur ein andere/das ist/Menschliche Natur an sich genommen/ welche nicht ein Person für sich selbest/ sonder nur ein theil der Person Christi/ vnd von der Gottheit durch Persönliche vereinigung getragen vnd erhalt wird/ Jedoch wort gezeuck zuuer meiden/wollen wir es dahin verstehen/ d₃ die Menschheit mit der Gottheit eine Person sey. Daß aber eine Natur mit einer andern eine Person ist/das ist noch lang nicht so viel/daß sie derselben Natur/mit welcher sie Persönlich verhafftet ist/an eigenschafften vnd wirckung gleich sey/ wie zuuor genugsam erkläret/ vnd an der Natur Leibs vn der Seelen zusehen ist. Diß ist ein Fewerwisch/ dem Fuchß in die Höle/vnd so er noch nicht herauß ist/ so ist der ander auch nit weit/Nemlich/daß Gott im selbest nicht widerwertig ist/ vnd derhalben nicht machen wil/ daß eine Natur zugleich nur an einem ort/vnd an allen orten/endlich vnd vnendlich sey/man nenne es gleich zweyerley oder dreyerley oder viererley/wesen oder weisen/ oder wie man jmmer wil/ So bleibet doch Gott warhafftig/vnd alle Sophisten lügner.

Derhalben/ weil auch dieser schein sie gar nicht helffen wil/haben sie noch ein außflucht oder höle darneben gesucht/ daß dennoch die Menschheit müsse gemeinschafft haben mit der Allmächtigkeit vnd Gottheit des ewigen Sons Gottes/ derhalben wir entweder die Gottheit Christi verleugnen/oder die Person trennen/darum daß nach vnserer lehre die Menschheit gantz vnnd gar keine gemeinschafft habe in der that vnnd warheit/mit der Allmächtigkeit/ vnd derwegen auch nit mit der Gottheit/dieweil die Allmächtigkeit vnnd Allwissenheit nichts anders ist/ Denn die wesentliche ewige Gottheit selbest. Auß diesem schliessen sie darnach widerum/Es werde de₃ men-
schen-

schen Christo nichts gelassen/ deñ der blosse namen vnd Titul der Allmächtigkeit vnd Gottheit/ bleibe kein vnterscheid zwischen Christo oder seiner Menschheit vñ andern heiligen/ deñ daß er höhere gabē habe/ deñ die andern/ wie auch der Mahomet in seinē Alcoran bekeñe/ Er könne nit Richter sein der lebendigen vnd der Thodten/ man könne jhn nit also anbetten/ HERR mehre vns vnsern glauben/ vnd wehr er nit anders bey vns denn andere heiligen/ in denen auch die Gottheit wonet/ wenn seine Menschheit nicht Allwissend/ Allmächtig vnd allenthalben ist.

Des sich dieser Geist rhümet/ wie er die Füchsse so meisterlich könne auß der Höle brennen/ müssen wir jhm nachgeben/ Deñ er hat es alhie an jhm selbest so wol bewiesen/ vnd sich selbest/ mit dem Fewer/ das jhm von der warheit an seinem Balck ist blieben hangen/ also auß dieser Höle gebrennet/ daß wir kein ander Fewer dürffen zutragen. Er decket sich/ vnd betreuget die einfaltigen/ mit dem Wort Gemeinschafft/ vnd mit dieser newen/ von jhm erdachten/ beidenhändischen rede/ daß die Menschheit Christi mit der Gottheit gemeinschafft habe. Denn will man diese gemeinschafft also verstehen/ daß sie sey die heimliche vereinigung der zwoen Naturen in Christo/ vnnd die erschaffene gleichförmigkeit der Menschheit mit der Gottheit/ oder die gaben des heiligen Geistes/ damit sie gezieret ist/ vñ die wirckung beider Naturē nach jhrer art vnd eigenschafft in dem Amt Christi/ vnd das Amt vnd die Ehre dieser Person/ so glauben/ bekennen' vertedigen wir diese gemeinschafft wider alle Ketzer/ außdrücklich/ einhellig/ beständiglich/ vnnd/ durch GOTTE Gnad/ besser denn vnser gegentheil/ vnnd ist ein offentliche vnuerschämte vnwarheit vnnd Calumnien/ daß wir diese gemein-

T ij schafft

schafft der Menschheit mit der GOttheit solten leugnen. Will man aber die gemeinschafft also verstehen/ daß die Menschheit allenthalben wesentlich gegenwertig/ Allmächtig/ vnd in summa der Gottheit an eigenschafften vnnd wirckungen gleich sey/ So verneinen/ verwerffen/ vnd widersprechen wir solche gemeinschafft stracks vnnd rund/ als die mit Gottes wort vnd den Articuln des Christlichen glaubens manigfaltig streittet. Was thut aber hie der Fuchß in dieser seiner Höle? Dieweil wir diß gemeinschafft haben/nach seiner gloß vnd deutung/ verneinen/ So giebet er für/ daß wir gantz vnnd gar alle gemeinschafft der Menschheit mit der Gottheit/ auch in rechtem vnd auß Gottes Wort obgesetzte verstande/leugnen. Was aber diß für künste/griffe/vnd stücke seien/wollen wir verstendigen vnd Ehrlichen Leuten zuerkennen geben. Jetzt haben wir gesehen/ wie sich der Fuchß verbirget/ Nu wollen wir auch sehen wie er sich selbst auß diesem Loch saget. Er sagt also/ Gott ist die Allmächtigkeit selbest/ vnd ist ein ding/Gottheit vnd Allmächtigkeit/Nemlich/das vnerschaffene/Ewige/Einige/Göttliche wesen. Diß nemen wir für bekasit an. Denn es ist die vngezweiffelte vnleugbare warheit. Mit diesem funcken wil er vns auß der Höle brechen/ die wir noch in keine geschloffen sein/ auch derselben nit so sehr bedörffen als er. Schleusset derhalbe also/ Die Allmächtigkeit ist die Gottheit/ Derhalben/ weil wir die Allmächtigkeit Christi leugne/ So leugne wir seine Gottheit. Wie kome wir aber zu de schrecklichen vnfal/ daß wir die Gottheit des Menschen Christi leugnen? Wir lassen/ sagen sie/ der Menschheit keine gemeinschafft mit der allmächtigkeit/vn also auch nicht mit der Gottheit/diß aber ist nichts anders denn die Gottheit verleugnt. Wie wir die gemeinschafft der Menschheit mit der

Gottheit

Gottheit verlähzt oder verneint/ ist erst zuvor erkläret/ vñ allhie gnug/ dz gegenteil sein Fewer/ damit er vns vermeinet zu sagen/ außzuleschen. Dañ im rechten verstand leugnē wir dise gemeinschafft nicht/vñ derhalbē auch nicht die Gottheit Christi. Wie aber/wañ wir nur ein wenig in dz Fünklein bliessen/ dz dz Fuchß in den Haaren hengt/vñ kereten im seinen grund vnnd beweiß also vmb e Gottheit vnnd Allmächtigkeit ist ein ding/vnnd derwegen auch gemeinschafft mit der Gottheit vnd gemeinschafft mit der Allmächtigkeit haben. Folget/daß die Menschheit eben also/vnd nicht anders gemeinschafft habe mit der Allmächtigkeit/wie sie gemeinschafft hat mit der Gottheit. Nun hat sie aber nicht also gemeinschafft mit der Gottheit/daß sie/die Menschheit/Gott sey/sonder also/daß der Mensch GOTT sey/der die Gottheit vnd Menschheit/ durch verborgene verbindung/in der Substantz vnnd wesen seiner Person hat. Folget/daß die Menschheit auch mit der Allmächtigkeit gemeinschafft habe/nicht daß sie Allmächtig sey/sonder also/ daß der Mensch Allmächtig sey/der die Allmächtigkeit/oder allmächtige/ Göttliche Natur/in der substantz vnd wesen seiner Person hat. Also auch/wañ sie schliessen/ Wie die vereinigung der Gottheit mit der Menschheit ist/also ist auch die gemeinschafft der Göttlichen eigenschafften in der Menschheit/Nun ist aber die vereinigung nicht nur in Worten vnd Namen / sonder in der That vnnd Warheit. Folget/daß auch die Göttlichen eigenschafften der Menschheit gemeine sind mit der That vnd Warheit: So schliessen wir hiewiderumb auß jrem eigen grunde also/Wie die Gottheit der Menschheit vereinigt ist/also sind auch die Göttlich eigenschafften der Menschheit gemein/Nu ist aber die Gottheit der Menschheit warhafftig/vnd mit der that vnerforsch-

T iij
lich-

licher weise vereiniget zum wesen einer eintgen Person/nicht
daß die Menschheit sey die Gottheit oder GOTT worden/
sonder daß der Mensch GOTT sey. Folget vnwidersprech-
lich/nach ihrem eigenen grund/auff den sie wöllen bawen/
daß auch die Göttlichen eigenschafften der Menschheit/nicht
durch vergleichung/sonder durch verbindung zum wesen der
Person Christi/mitgetheilet/vnnd gemein sind/also/daß die
Menschheit weder Allmächtig/noch die Allmächtigkeit ist/
sonder der Mensch Christus warhafftig vnd mit der that all-
mächtig ist/darum daß er die allmächtigkeit/dz ist/das Göt-
liche wesen des Worts/als ein stück seines wesens in sich hat/
welches von der Menschlichen Natur nicht kan gesagt wer-
den. Dann die Gottheit ist wol das wesen der Person/aber
nicht das wesen der Menschheit. Ob nu gegentheil seine
Kunst/die Füchße außzubrennen/an vns oder an ihm selbst
bewiesen/darüber wöllen wir/nicht diese Sophisten/sondern
Christliche/verständige Liebhaber der Warheit vnd des Frie-
dens/zu Richtern leiden. Diese werden nicht wie vnsere Ehr-
geitzige vnd zänckische Widersacher/ire Ohren verstopffen/
sonder diß hören vnnd zu gemüt führen/daß wir nun so lang
vnnd viel geschrieben vnnd geschryen haben/Daß/wie der
Mensch Christus Jesus/aber nicht seine Menschheit/warer
Gott ist/Also ist vnd thut auch dieser Mensch/aber nit seine
Menschheit/alles was allein Gott ist vnd thut. Diß ist die
rechte/alte/wolgebante Strasse der Warheit/darauff nie-
mand kan irren/vnd auff der müssen bleiben/alle die nit wol-
len verführet sein.

 Wer auff diesem richtigen/sichern Weg bleibet/der si-
het bald/daß es lauter betrug vnnd boßhafftige Sophisterey
ist mit dem Mordgeschrey vnserer Verleumder/daß wir dem

Menschen Christo nur den Namen der Allmächtigkeit vnnd Gottheit lassen/aber nit die that vnd warheit. Dann ob gleich dieser Mensch nit nach seiner Menschheit/sonder nach seiner Gottheit, Gott ist/so ist er doch nit nur mit dem Namen/sonder warhafftig vnd wesentlich Gott/darumb daß er die Gottheit in sich hat/nit wie andere Heiligen/nur als einem Innwohner/sonder als einen theil seines wesens/substantz vñ Person. Also ist auch diser Mensch nit nur mit dem Namen/sonder mit der that/vnnd mit seinem Göttlichen wesen allmächtig/ja auch die Allmächtigkeit selbst/dieweil er die wesentliche Göttliche Allmächtigkeit in dem wesen seiner Person hat/eben sowol als sein Leib vñ Seel. Bleibet auch also ein grosser vnd mercklicher vnterscheid zwischen diesem Menschen vnnd andern Heiligen/nit allein in grösse vñ fürtrefflichkeit der gaten/des Amts/vnd der Göttlichen Ehre/so disem Menschen von allen Creaturen bewiesen wirdt/Sonder fürnemlich in dem wesen der Person/welchs nit allein auß der Menschlichen Natur bestehet/wie in andern Heiligen/in denen die Gottheit nur als ein Einwohner in seiner Behausung ist/der mit nichten sich also mit dem wesen des Hauses verbindet vnd vereiniget/daß er mit dem Hause ein stück eines einigen gantz dings/werde/wie die theil des Hauses durch jre gewisse zusammenfügung mit einander das Hauß sind vnd machen/Sondern bestehet auß der Menschlichen vnd Göttlichen Natur/welche in dieser Menschheit also wohnet/daß sie mit derselben/durch vnerforschliche vnd vnaußsprechliche verbindung/das wesen der einigen Person Christi wirt. Darumb dann auch dieser Mensch mit seiner Gottheit bey vnd in vns ist. Die Heiligen aber nit also/Dann die Gottheit die in jnen wohnet/ist nit ein teil jres wesens/wie in der Person Christi. Kan auch Christus

wol

wol ein gerechter Richter sein der Lebendigen vnd der Todten/ ob gleich seine Menschheit nicht der Gottheit gleich ist an Weißheit vnd stärcke. Dann er hat in seinem eigenen wesen die Göttliche allwissende Natur/ von welcher seine Menschheit also erleuchtet vnnd regiert wirdt/ daß sie so viel weiß/ redet vnd thut/ als jr in disem Richteramt nötig vñ gebürlich ist. Daß disem also sey/ ist auch auß gegentheils Bekanntnuß leicht zubeweisen. Dann sie bekennen/ daß Christus zur zeit seiner nidrigkeit nicht alles gewust habe mit seinem Menschlichem verstande/ sonder seyen jhm die Schätze der Weißheit nach vnd nach eröffnet. Nun sagt aber die Schrifft/ daß er auch zur selben zeit wuste was in dem Menschen war/ vnd die gedancken der Menschen sahe/ vnnd richtete wie er hörte/ vnd sein Gerichte recht war. Kondte er dann recht richten/ vnnd war weise gnug darzu in seiner nidrigkeit/ wie viel mehr wirde er diß können/ wann er kommen wirt in der Herrligkeit seines Vatters? Also auch/ weil man jn kondte vnd solte anruffen/ als den waren Allwissenden/ Allmächtigen Gott/ vmb mehrung des Glaubens vnd alle Gaben seines Geists/ zur zeit der nidrigung/ da seine Menschheit weder Allwissend noch Allmächtig war/ warumb solte er denn nicht viel mehr also anzuruffen sein in seiner Herrligkeit da nicht allein seine Gottheit eben wie zuuor/ sonder auch seine Menschheit/ auß offenbarung der Gottheit/ viel mehr dann zuuor/ die gedancken der Menschen weiß vnnd sihet? Dann durch denselben seinen Geist/ das ist/ seine Allwissende Gottheit/ dadurch er allezeit die gedancken vnd Hertzen der Menschen sahe vnnd kannte/ erforschet vnd erkennet er sie auch jetzund/ vnd offenbaret daruon auch seinem Menschlichen Geist vnd Verstand/ so viel er wil/ vnnd so viel zu verwaltung seines Amts vnnd zu seiner

Ioh.2.25.
Matth.9.4.
Ioh.5.30.

Luc.17.5.

Marc.2.8.

Herrlig-

Herrligkeit gehörig ist. Ist sich derhalben wol zuuerwunderen/ daß solche Theologi/ so gar auch der gemeinen Christlichen Lehr vergessen/ vnnd nicht wissen/ oder nicht wissen wollen/ daß Christus nicht darumb/ daß er Mensch ist/ sondern darumb daß er warer wesentlicher Gott ist/ soll vnd muß angebettet werden.

Auß diesem vnserm Bekanntnuß/ vnnd dieser Antwort auff gegentheils verleumbdung/ damit sie vermeinen vnsern Glauben vnd Lehre für Türckisch außzuschreyen/ wirdt ohn zweiffel meniglich verstehen vnd sehen/ der es sehen wil/ Daß wir weder die Gottheit Christi verleugnen/ noch seine Person trennen/ vñ vnsere Lehre keiner Arianischen/ Samosatenischẽ/ Nestorianischẽ/ Seruetischen/ Mahometischen/ vñ Türckischen Gottsläsierung verwand sey/ auch keine derselben/ oder deren gleichẽ darauß folge/ sonder vil mehr dadurch alle solche Ketzereyen vnd lästerliche Irrthume/ gründlich vnd beständiglich widerlegt/ verworffen/ vnd verdammet werden. Sollen vnd können derhalben wir/ vnnd alle denen Gott die Augen auffthut/ das liebliche Liecht der Warheit zusehen/ von dieser vnser Lehr vnd Bekañtnuß/ wie sehr vnd hoch wir auch darüber gehasset/ gescholten/ geschmähet vnd verfolget werden/ nicht ein Haar breit weichen/ oder zu gegentheils meinung tretten/ Nicht allein darumb/ daß vnsere Lehre fest in GOttes wort gegründet/ vnnd von der Apostel zeiten an/ biß auff das Antichristische Römische Bapsthum/ in der Christenheit erhalten/ bekannt vnd vertheidigt ist worden/ Gegentheils Lehre aber von der Allenthalbenheit des Leibs Christi/ vnd was mehr an diser hanget/ ohn vnd wider allen grund der Schrifft/ vnnd einhellige Zeugnuß aller alten Christlichen Lehrer/ vnnd wider die augenscheinliche bißher in allẽ andern refor-

reformirten Kirchen/ja auch in der dicke Finsternuß des Papstums erhaltene Warheit/new von jnen erdacht ist/Sonder auch darum/daß durch dise des gegenthrils gedichte von dem Abendmal des HERREN/von der Allenthalbenheit des Leibs Christi/vnd von den zweyen Naturen vnd jrer Persönlichen vereinigung in Christo/die Päpstliche Abgötterey bestättiget/die Naturen in Christo vermischt/die Person Christi getrennet/vnd der Samosatenischen vnd Mahometischen verleugnunge der waren Gottheit Christi/grosser vnd mercklicher anlaß gegeben wirdt. Daß diesem also sey/darff nicht grosse mühe zubeweisen.

Sie streitten vber der leiblichen wesentlichen gegenwertigkeit vnd mündlichen niessung des Leibs CHRJSTJ/in oder vnter/oder bey dem Brodt/vnd in den Händen der Diener. Ist aber CHRJstus leiblich allda gegenwertig/es sey vnter Brodt oder Brodts gestalt (dann diß gibt noch nimer der Päpstischen Abgötterey nichts) so folget ebe so starck/daß

1. man allda jhn anbetten vnd verehren muß/vnnd den Vatter
2. vmb des in dem Brodt/in der Hand gegenwertigen Christi vmb Gnad bitten/als wann er sichtbar vnnd greifflich zugegen were. Diß aber ist die Päpstisch Abgötterey vnd Opffermeß/welcher wir nit wollen noch sollen widerumb den grund helffen legen/noch derselben vberbliebene Wurtzeln vnd Vnkraut helffen pflantzen vnd erhalten.

Diesem Abgott zu dienst/haben sie diese newe Lehre erdacht/daß der Leib Christi allenthalben sey/vnd auff dise alenthalbenheit haben sie gezogen die Artickel des Glaubens von dem sitzen zur Rechten des Vatters/von der Himmel-

3. fahrt/vnnd von der Menschwerdung CHRJSTJ/Haben also diese Artickel in einander geworffen/vnd jhnen einerley falsche

sehe deutung angedichtet/nemlich/daß die Menschheit Christi der Gottheit/an eigenschafften vnnd wirckungen gleich worden/allenthalben wesentlich gegenwertig/Allmächtig/ Allwissend sey/vnnd alles thue vnd wircke/was die Gottheit wircket/Welches nichts anders ist/dann ein offentliche Eutychianische vnd Schwenckfeldische vermischung der Naturen. Dann wie der vnterscheid der Naturen nichts anders ist dann die vngleichheit der eigenschafften vnnd wirckungen/ also ist auch vermischung der Naturen/wann man gleiche vnnd einerley eigenschafften vnnd wirckungen der Naturen dichtet.

Sie heuffen auch solches irriges gedichte/inn dem sie darzu setzen/daß eben diese gleichheit oder gemeinschafft der eigenschafften vnd wirckungen beyder Naturen/sey die Persönliche vereinigung der Gottheit vnnd der Menschheit/das ist/die Menschwerdung Christi/also/daß ohne dise Gemeinschafft oder gleichheit/kein vnterscheid bleibe zwischen dem Menschen Christo vnd andern Heiligen. Diß aber ist neben der vermischung/auch ein offentliche trennung der Person Christi. Dann es wirdt hiemit die verborgene vnd rechte vereinigung vnnd verbindung der Gottheit mit der Menschheit verleugnet vnnd außgeschlossen/vnnd an jhre statt gesetzt die gleichheit der Naturen/welche nimmermehr auß zwoen Naturen eine Person/sondern zwey wesen einerley Natur vnnd art kan machen.

Ja es werden auch durch diese vergottung der Menschliche Natur die Artickel des Glaubens von der warn Menschheit Christi/von seiner Geburt/Leiden/Sterben/Begräbnuß/Aufferstehung/vnnd Himmelfahrt/vnnd von vnser zukünfftigen ewigen gleichförmigkeit mit jm/auff welchem vn-

B ij

ser Heil vnd seligkeit stehet/ gantz vnd gar zu nichte gemacht/ vnd an statt der that vñ warhafftigen Geschicht vñ erfüllung in Christo/ nur ein schein derselben/ auff Marcionische weise/ gesetzt. Dann je kein warer Leib/ vnentfindlich/ allenthalben/ vnumbschrieben ist. Vnd so der ware Leib Christi/ durch die Menschwerdung vnnd Persönliche vereinigung/ vnsichtbar vnnd vnumbschrieben/ allmächtig/ vnnd allenthalben gegenwertig worden/ So kan ohne allen zweiffel das nicht derselbe ware Leib gewesen sein/ oder noch sein/ der von der Jungfraw geboren/ gewachssen/ von ort zu ort gangen/ schwach vnnd müde gewesen/ gelidden hat/ gecreutziget/ gestorben/ begraben/ aufferstanden/ gen Himmel gefahren/ sichtbar vnd greifflich/ zugleich nicht mehr dann an einem ort/ allezeit gewesen/ vnnd noch ist/ Sie sagen vnnd sophisticieren gleich von jren dreyerley weisen/ oder zweyerley wesen/ was sie jmmer wöllen.

7.   Sie müssen selbest bekennen/ wie die Warheit ist/ daß Allmächtigkeit vnnd Allwissenheit nichts anders dann die Gottheit ist. Nun haben sie ein lange zeit grosse Bücher gefüllt/ von der Allmächtigkeit vnnd Allwissenheit/ welche der Menschheit von der Gottheit gegeben vnnd mitgetheilet/ welche nicht das Göttliche wesen/ sondern Gaben des heiligen Geistes seyen/ damit die Menschheit begabet vnnd gezieret sey. Vnnd noch jetzund schreiben sie/ daß der Vatter der Menschlichen Natur des Sohns alles zeige was er thut/ Habe jhr aber nicht alles auff ein mal gezeiget/ sondern die in CHRISTO verborgene Schätze der Weißheit jhr nach vnnd nach geöffnet vnnd gezeiget/ biß er durch den Tod die Knechtsgestalt hingelegt/ vnnd zu der Rechten der Maiestät vnnd Krafft GOTTES seines Himlischen

Vatters

Vatters gesetzt ist. Weil denn vermög jhres Bekantnuß/ diese wissenschafft/ damit der Menschliche verstand Christi jetzund in seiner Maiestet alles zugleich weiß vnnd sihet/ in Christo angefangen/ vnd nach vnd nach gewachsen vnd zugenommen hat/ so lang biß auß dem wissen mehrer vnd mehrer ding/ ein wissen aller ding ist worden/ So muß vnd kan sie ohne allen zweiffel nicht die wesentliche vnerschaffene allwissenheit Gottes/ das ist/ das Göttliche wesen selbest/ welches weder anfang noch ende hat/ weder zu noch ab nimt/ sonder muß solche in der Menschheit CHRisti zunemende wissenschafft vnd sterck/ ein erschaffene Allwissenheit vnd Allmächtigkeit sein/ welches nichts anders ist/ jhrem Bekantnuß nach/ denn ein erschaffene Gottheit/ daß sie also/ wenn es wol gerhät/ zweyerley Gottheit in Christo dichten/ die eine Ewig vnd vnerschaffen/ die ander erschaffen/ vnd von jrem anfang durch zunemung zu jhrer vollkommenheit vnd gleichheit mit der vnerschaffenen Gottheit/ bracht. Sie haben vns wol/ als wir jhnen solchen Irrthumb in jhrer Lehre gezeigt vnnd fürgehalten/ grober vnuerschämter lügen beschuldiget/ vnd sehr geschrien vber grossen gewalt. Es ist aber damit nicht außgerichtet/ vnnd ist jhnen vnmöglich diesen Wurm von sich zuschütten/ sie lassen denn jhre Obiquitetische gedichte fahren. Sie haben sich woll jetzund vnterstanden/ der erschaffenen Gottheit zuentlauffen/ vnnd dennoch bey der Allwissenheit Allmächtigkeit/ allenthalbenheit der Menschlichen Natur zubleiben/ Aber nichts außgericht/ denn vbel erger gemacht. Denn sie sagen also/ daß die Menschliche Natur Christi in jhr selber vnd für sich selber kein erschaffene Allmächtigkeit/ vnendliche Weißheit vnnd krafft habe/ die von dem Sohn Gottes vñ seiner Allmächtigkeit abgesondert were/ Sonder

V iij wie

wie nur ein Göttliche Natur in Christo ist/also sey auch nur ein Allmächtigkeit / vnendliche Weißheit vnnd krafft in Christo.

Alhie aber sollen billich alle Christen ja alle Menschen mit verwunderung vnd Gottes forcht/ anschawen das gerechte vnd schwere gericht Gottes vber die künen vnd Halßstarrigen Sophisten vnd widerfechter der Warheit/dadurch sie also mit blindheit geschlagen werden/daß sie von einem Irrthumb in den andern sich stürtzen/ vnnd sich in dem garn ihrer Sophisterey vnd geschwetzes/also vberwerffen vnd verwirren/daß sie an ihren eignen stricken erworge/welche straff ohne zweiffel viel grösser ist / denn wenn sie Gott mit leiblichem vnfal heimsuchte. Drumb wollen wir erstlich sehen/ wie sie wider sich selbst / darnach/ wie sie wider die Warheit anlauffen. Sie wollen/nicht allein der Mensch/Christus/ sonder auch die Menschheit Christi sey Allmächtig/Allwissend/allenthalben/vnd diß nicht durch ein besondere erschaffene/sonder durch die wesentliche Allmächtigkeit/Allwissenheit/vnendlichkeit der Gottheit selbest. Hiemit keren sie im Grund vnnd Boden vmb/ daß sie zuuor so viel vnnd lang geschrieben haben von der mitgetheileten Allmächtigkeit vnd Allwissenheit/ vnd gaben des heiligen Geistes vnd der Gottheit/ welche in andern endlich/ in der Menschheit Christi aber vnendlich vnnd vnermeßlich sollen sein. Man lese dauon andere ihre vnd vnsere Schrifften/da solches nach der lenge von jhnen getrieben/ vnnd von vns mit jhren worten dargethan wird. Sollen vns diese zwey ort auß jhren Büchern jetzund genug sein. In dem Buch De Maiestate Christi, von der Maiestet CHRISTI / schreiben sie also: Alia est diuinitas communicans seu participans, alia communicata seu participata, sicut alius est donator, aliud donum ipsum.

Das

Das ist/Ein andere Gottheit ist/die da mitteilet/Ein andere die mitgetheilet ist / Wie ein ander ist der da schencket/ ein anders das geschenck selbst. Vnd in der Apologia contra Theses Ingolstadienses, stehet also / Nunquam diximus, nunquam scripsimus, nunquam credidimus, Maiestatem cōmunicatam homini esse idioma Dei, id est, ob ςιαν substistentiæ Verbi. Das ist/ wir haben nie gesagt/ nie geschrieben/ nie geglaubet/ daß die Maiestet/ so dem Menschen ist mitgetheilet/ ein eigenschafft Gottes sey/ das ist/ das wesen der Person des Worts. Dargegen aber schreiben sie jetzund/ Es sey in Christo kein erschaffene/ sonder nur eine Allmächtigkeit/ vnendliche weißheit vnnd krafft/ welches die warheit ist/ vnd diese sey die Gottheit oder das Göttliche wesen des Worts oder Sons Gottes selbst/ welches auch die Warheit ist. Zuuor war ein andere/ mitgetheilte/ geschenckte Gottheit vnnd Maiestet/ das ist/ Allmächtigkeit/ Allwissenheit/ allenthalbenheit in der Menschheit Christi/ welche so weit vnterscheiden war von dem wesen der Person des Worts/ als der da mittheilet vnd schencket/ von dem mitgetheilten geschenck/ ja auch so weit/ daß jhnen jhre Tage nie getreumet hatte/ daß diese Allmächtigkeit vnd Allwissenheit/ dadurch zur selben zeit die Menschliche Natur allmächtig vnd Allwissend sein solte/ das Göttliche wesen selbst wer. Jetzund aber/ nu sie gemerckt/ dz es mit dieser mitgetheilten Allmächtigkeit nicht gut wolte thun/ ist jhr so gar vergessen/ daß kein andere Allmächtigkeit in Christo ist/ denn die vnerschaffene Gottheit selbst. Sie rhümen sich sehr/ wie sie andere Leut in die Schul können führen/ vnnd sagen von vns/ wie wir absprüng nemen / wenn wir von jhnen getrungen werden mit jren scharffen fragen. Wir achten aber/ ehe denn sie diese jre schlüsse zusammen reimen/ sollen sie noch

ein

ein weil haben in die Schul zugehen/ vnd mögen ander Leut
messen/ wie weit dieser sprung sey von der mitgeteilten Gott-
heit/ darvon sie vor zeiten sagten/ biß auff die wesentliche
Gottheit/ von der sie jetzund sagen/ vnd mögen diese Füchsse
zusehen wo sie hinspringen/ vnnd wo sie zu letzt werden auff-
stehen.

Zum andern schreiben sie jetzund eben in demselben
Buch/ darinnen sie vns für Türcken schelten/ daß die weiß-
heit vnd wissenschafft der Menschheit Christi/ nach vnd nach
habe zugenomen/ biß sie jetzund in jhrer Maiestet alles weiß/
Diese wissenschafft/ zum ersten etlicher/ darnach aller ding/
kan je nicht die vnerschaffene Allwissenheit der Gottheit sein/
welche das Göttlich wesen selbest ist/ vnnd weder zu noch ab
nemen kan. Vnd dennoch folget bald hernach/ Es sey kein er-
schaffene/ sonder allein die vnerschaffene Weißheit vnendlich
in Christo/ welche sein Göttlichs wesen selbest ist. Ob diß
noch nicht ein Schwindelgeist sey / vrtheile die gantze Welt.

Zum dritten stossen sie mit diesem jhrem Grund/ das
gantze gebew der Allenthalbenheit vnnd Allmächtigkeit des
Leibs oder der Menschheit Christi zu boden. Denn weil auch
in Christo kein ander Allmächtigkeit ist/ denn die Gottheit/
vnd Allmächtigkeit vnd Gottheit ein ding seind/ deßgleichen
auch Gott sein/ vnd/ Allmächtig sein/ So schliessen wir auß
jhren worten also/ Was nicht Gott ist/ das ist nit Allmäch-
tig/ Allwissend/ vnendlich. Die Menschheit Christi ist nicht
GOtt/ sonder der Mensch Christus nach der einen Natur.
Folget/ daß wol der Mensch CHRJstus/ aber nicht seine
Menschheit Allmächtig/ Allwissend/ allenthalben seye.

Nu wollen wir auch sehen wie sie mit der warheit stim-
men/ vnnd sich in dieser abermal new erdachten Theologia
verbessert

verbessert haben. Die art der Göttlichen Allmächtigkeit ist diese/daß welches dings Allmächtigkeit sie selber ist/desselben sie auch vnendliche weißheit/gerechtigkeit/gütte/Warheit/ Barmhertzigkeit ist. Vrsach ist diese/die gegenteil mit vns bekennet/daß sie nicht allein ein vnendliche krafft/sonder auch ein vnendliche weißheit/Gerechtigkeit/Gütte/Warheit Barmhertzigkeit ist. Denn diese ding sind in Gott alle ein ding. Weil sie deñ dieser vrsach halben auch die weißheit dessen ist/ des macht vñ krafft sie ist/ So muß sie auch eben dieser vrsach halben/ein vnendlich wesen desselben sein/dessen Allmächtigkeit sie ist. Deñ Göttlich wesen vnd Allmächtigkeit sind eben so woll ein ding/ Als Göttliche Allwissenheit vnd Allmächtigkeit. Also sehen wir/daß die vnendliche krafft Gottes auch das wesen Gottes ist/vnnd die Allmächtigkeit des Menschen Christi auch mit der Menschheit sein wesen ist/ daher denn Christus warhafftiger Gott vnd Mensch ist. Nu will aber gegentheil jetzund/ daß die wesentliche Allmächtigkeit/ vnnd Allwissenheit selbst/ die Allmächtigkeit vnnd Allwissenheit der Menschlichen Natur sey/ damit vnnd dadurch sie Allmächtig vnd Allwissend ist/damit sie alles weiß vnd wircket/ was die Gottheit weiß vnd wircket. Folget/ daß sie auch das wesen der Menschlichen Natur Christi sey/ welches nichts anders ist/denn daß die Menschheit Christi die vnerschaffene/wesentliche Gottheit sey. Da sie die sach nicht anders wolten verbessern/hetten sie es wol lassen bleiben.

Denn da sie zuuor auß der Menschheit Christi eine erschaffene Gottheit machten/ da machen sie jetzund das vnerschaffene Göttliche wesen selbest auß jr/ welche vermischung der Naturen viel vnleidlicher vnnd Vnchristlicher ist/ denn die vorige.

8.

X Ferner/

9. Ferner/was Allmächtig ist/ ja auch alles was mechtig oder krefftig ist/das wircket durch dieselbe Allmächtigkeit oder krafft/ die es hat/als durch seins eigenschafft. Ist nu die Menschheit Christi Allmächtig durch die wesentliche Allmächtigkeit Gottes/ So wird sie auch durch dieselbe wircken/ vnd wird also das geschöpffe durch den Schöpffer/der werckzeug durch den Meister wircken/ welches nicht allein wider alles wort Gottes/vñ alle vernunfft/sonder auch wider gegentheils Bekanntnuß vnnd Lehre ist. Denn sie wollen/daß die Gottheit alles durch die Menschheit wircke.

10. Sie streitten daß die Gottheit alles durch die Menschheit wircke/ vnnd nichts thue/ das nicht auch die Menschheit thue. Ist diß war/so wird auch die Menschlich Natur den heiligen Geist senden vnd geben / vnnd durch denselben wircken. Von dem er aber gesendet wird/ von dem gehet er auch auß. Folget/daß er auch von der Menschheit außgehe. Von dem er aber außgehet/der teilet ihm mit sein wesen. Folget/daß entweder das wesen der Menschheit das Göttlich wesen sey/ das sie dem heiligen Geist mittheile / oder der heilig Geist auch ein Menschlich wesen habe von der Menschheit Christi.

11. Item / so die Gottheit alles durch die Menschheit Christi wircket/so wird sie auch alle ding sehen/erkennen vnd verstehen durch die Menschheit. Vnd zwar sie selbest/wiewol vnrecht/ vñ wider die rechtsiñige Philosophia/brauchē viel das gleichnuß der Menschlichen Seelen/welche/so lang sie in dem Leib ist/nichts verstehet vñ gedencket/ deñ was jr die innerlichē leiblichen sinne/wie ein Spiegel/fürbilde. Was wird aber dz für eine Gottheit werden/ die nichts sihet/ höret / verstehet noch weiß/es werde jr deñ durch Leibliche siñe vñ durch dē Menschlichen verstand kund gethan/gleich wie die Seele in dem Leib

nichts

nichts verstehet/ es werde den von den eusserlichen sinnen den
innerlichen/ vnd von den innerlichen sinnen dē verstand oder der
vernunfft zuerkennen gegeben. Mit dieser weise wird die Gott-
heit des Sons nicht die Gottheit des Vatters vñ H. Geistes
sein: Denn die Gottheit des Vatters vnd des H. Geistes/ ver-
stehet/ rathschlaget vnd wil alles durch sich selbest/ durch jr ei-
gen wesen/ vñ durch keine Creatur. Verstehet vñ wil aber die
Gottheit des Sons nichts deñ durch die Menschheit/ so wird
sie mit des Vatters noch H. Geistes/ sonder ein andere Gott-
heit müssen sein/ vnd wird also bald Christus ein Arianischer
Gott werden. Ja es wird auch die Menschliche Seele in jhrē
Leibe mehr vorteil haben in jren wirckungē/ deñ die Gottheit
Christi in den jhren. Deñ ob gleich die Seele/ weil sie in dem
Leibe ist/ dasselbe verstehet vnd wil/ das jhr durch die sinne des
Leibes gezeiget wird/ so geschicht doch dasselbe anschawen
dieser dinge/ vnd das verstehen vnd wollen durch kein Leiblich
Mittel/ sonder die Seele vbet vnnd wircket solches durch sich
selbest. Die Gottheit Christi aber soll nach gegentheils für-
geben/ gantz vnd gar nichts wircken/ denn durch die Mensch-
heit. Das wird kein verstendiger Mensch/ wollen ge-
schweigen/ ein verstendiger Christ/ von dem Göttlichen we-
sen glauben. Denn die Schrifft sagt/ Es gieng ein krafft Luc. 6. 19.
(Nemlich die Göttliche krafft) von jhm auß/ vnnd heilete
sie alle/ Durch seinen Geist (das ist/ seine GOTTheit) Mat. 28.
erkannte er die gedancken der Menschen/ Durch densel- 1. Pet. 3. 18.
ben Geist ist er lebendig gemacht/ nicht durch das Fleisch/
das Thodt war/ vnnd sich selbest nicht lebendig ma-
chen künde/ Wie auch vnser Leib nicht durch sich selbest/
Sonder von der Seele vnd durch die Seele wird lebendig
gemacht.

X ij   Sie

12. Sie wollen Christum nicht lassen waren Gott sein / so nicht die Gottheit alles durch die Menschheit wircket. Weil aber / wie jetzt gemeldet / die Menschliche Natur sich nit selbest vom Tode erwecket hat / denn das etwas vom Tode erwecken soll / das muß selbest nit Tod / sonder lebendig / ja das leben selbest sein / wird folgē / daß Christus dazumal nit Gott gewesen seye / vnnd gegentheil mit Nestorio sich leichtlich vertragen wird / der da sagte / Rhůmet euch nicht jhr Juden / jhr habt nit Gott / sonder einen Menschen gecreutziget.

13. Also geben sie auch für / er sey nicht warer Gott / so nicht seine Menschheit Allmächtig / Allwissend vnnd allenthalben seye / vnd müssen doch bekennen / daß die Menschheit diß nicht gewesen sey / ehe denn Christus durch den Thod in seine Maiestet gesetzt ist worden. Folget / daß er zuuor die gantze zeit der Nidrigkeit nicht Gott / oder getrennet sey gewesen / vnnd erst nach dem Thode sey Gott worden / welches einem Christen abscheulich ist zuhören.

Dergleichen vngeschickte / Vnchristliche ding / so auß gegenteils newer lehre erfolgen würdē / weren wol mehr zufinden. Deñ es pflegt also zugehē / wenn man auff einen Irreweg gerāth / je weiter mā darauff gehet / je mehr mā jrret. Wiewol

14. es aber an erzelten stücken mehr denn zuuiel ist / So ist doch keines also schädlich vnd so sehr zubeklagen / denn daß sie auff die Menschheit Christi ziehen / die Herrlichen vnnd klaren Zeugnuß der waren GOTTheit CHRIsti / in welchen die Schrifft / dem Menschē Christo / die Göttlichen eigenschafften vnnd wirckungen zuschreibet / die keiner Creatur / sonder allein dem Einigen waren GOTT zugehören vnnd gebüren / vnnd derhalben wider alle vngläubige vnnd Ketzer / starck vnnd vnwidersprechlich beweisen / nicht allein

daß

daß dieser Mensch GOTT sey/ wie die Zeugnuß darinnen er GOTT genennt wirdt/ Sondern auch in was verstande vnd meinung/ oder was für ein Gott er sey vnd heisse/ nemlich nicht ein erschaffener gemachter GOtt/ Sonder der ewige/ einige/ ware Gott/ welches fürnemlich auß seinen Göttlichen eigenschafften vnnd wirckungen/ gründlich vnnd gewiß zuuerstehen vnnd zuerlehrnen ist. Darumb haben auch die heilige Vätter allezeit wider die Ketzer gestritten vn erhalten/ daß Christus vnd der H. Geist warer Gott mit dem ewigen Vatter sind/ dieweil sie vnendlich an wesen/ krafft/ vnd weißheit sind/ vnd der Mensch Christus/ da er auff Erden wandelte/ im Himmel war/ vnd nun er gen Himmel gefahren/ auff Erden ist/ mit dem Vatter vnd heiligen Geist/ in den Glaubigen wohnet/ den heiligen Geist gibt/ erwecket sich vnd andere vom Tode/ thut Wunderwerck/ erhelt vnnd regiert alles/ gibt das ewig Leben/ vnnd was dergleichen ist/ daß keiner erschaffenen Natur ohne nachtheil der einigen ewigen Gottheit kan zugeschrieben werden. Dann darauß haben sie geschlossen/ vnd folget auch bestdändiglich/ daß in Christo müsse die vnendliche/ allmächtige/ ware Gottheit sein nicht allein warhafftig wie in andern Heiligen/ sondern wesentlich/ daß sie zu dem wesen seiner Person gehöre/ Auff daß er nach derselben sey vnd thue/ daß er nach der Menschlichen Natur nit sein noch thun köndte.

Basilius saget also vom heiligen Geist. Der heilige Geist ist zugleich gewesen im Propheten Habakuck/ vnnd im Daniel zu Babylon/ vnnd bey Jeremia in dem Gefängnuß/ Vnd bey Ezechiel am Wasser Chobor/ dann der Geist des HERREN erfüllet die Erde. Der aber allenthalben ist/ vnnd bey Gott ist/ welcher Natur sollen wir halten daß er sey *De S. Sanct. Cap. 22*

CLXIIII.

sey/ Den/ die alles begreifft/ oder der/ die an gewissen orten begriffen wirdt/ wie die Schrifft nuß weisset/ daß die Natur der Engel sey...

De S. Sanct.
Didymus deßgleichen. So der heilige Geist ein Creatur were/ so würde er ein vmbschriebenes wesen haben/ wie alles/ was gemacht ist. Dann auch die vnsichtbaren Creaturen/ ob sie gleich kein raum vmbgibet/ sind dannoch endlich auß eigenschafft jres wesens. Der heilige Geist aber/ weil er an vielen orten ist/ hat kein vmschriebenes wesen.

Disputat. contra Sabell.
Vigilius. Daher wirdt fürnemlich erwiesen/ daß der heilige Geist Gott sey/ dieweil er allenthalben ist/ vnnd von keinem ort gefasset wirdt. Dann allenthalben sein/ vnd eben in einem Augenblick/ Himmel/ Erden/ Meer/ vnd Helle erfüllen/ ist keiner Creaturen/ sonder Gottes allein eigen.

Thes. lib. II.Cap.2.
Cyrillus. Weil Gott alles erfüllet/ vnd diß durch den heiligen Geist/ so muß der heilige Geist Gott sein/ vnd nicht ein Creatur.

Ad Donatist. de fide Orth.
Fulgentius. Wie der heilig Geist alles erschaffen hat/ also ist er auch vnendlich/ vnd erfüllet alles/ Vnd weil er alles erfüllet/ so ist er von Natur warer Gott.

Contra Sabell.
Vnnd eben also beweisen sie auch die ware Gottheit Christi/ Als Vigilius spricht/ Es kan nicht eben eine Natur sein/ die von einem ort an das ander fleucht/ vnd die jre gegenwertigkeit allenthalben erzeiget/ die auff Erden wandelt/ vnd die den Himmel nicht verläst. Item/ So das Wort vnd das Fleisch einerley Natur ist/ wie komt es dañ daß das Fleisch nie auch allenthalben erfunden wirdt/ so doch das Wort allenthalben ist? Dañ da das Fleisch auff Erden war/ da war es gewiß nicht im Himmel/ vnnd jetzund/ weil es im Himmel ist/ so ist es gewiß nit auff Erde/ Auch also gewiß ist es nit auff Er-

Lib.4. contra Eutych.

den/

den/daß wir nach demselben Christum vom Himmel künfftig gewarte/ von welchẽ wir glauben/ daß er nach dem Wort bey vns auff Erden sey. So wirdt nun nach der Eutychianer meinung/ entweder das wort mit seine Fleisch von eine ort gefasset/ oder das Fleisch mit dem Wort allenthalben sein/ dieweil eben eine Natur widerwertiger vnd streittiger eigenschafften nicht fähig ist. Nun sind aber diß widerwertige streittende ding/ an einem ort vmbschrieben sein/ vnnd allenthalben sein. Vnnd weil das Wort allenthalben ist/ sein Fleisch aber nicht allenthalben ist/ So wirdt klar/ daß ein einiger Christus auß beyden Naturen sey/ der allenthalben ist nach seiner Göttlichen Natur/ vnd nur an einem ort ist nach seiner Menschlichen Natur/ der erschaffen ist/ vnd doch keinen anfang hat/ der dem Tode vnterworffen war/ vnd doch nicht sterben kondte/ deren eines er hat auß der Natur des Worts/ nach welcher er Gott ist/ das ander auß der Natur des Fleisches/ nach welcher eben derselbe der Gott ist/ zugleich auch ein Mensch ist. So ist nun ein einiger Son Gottes/ der auch des Menschen Son ist wordẽ/ der ein anfang hat/ nach der natur seines Fleisches/ vnd hat keinen anfang nach der Natur seiner Gottheit/ ist erschaffen/ so vil die Natur seines Fleisches belange/ vnd nit erschaffen/ so viel die Natur seiner Gottheit betrifft/ ist vmbschrieben an einem ort nach seiner Menschheit/ vnd fasset jn kein ort/ nach seiner Gottheit/ ist auch geringer worden dann die Engel sind/ nach seinem Fleisch/ vnnd ist dem Vatter gleich/ nach seiner Gottheit/ Ist gestorben nach dem Fleisch/ aber nicht gestorben nach der Gottheit. Diß ist (spricht er) der allgemeine Christliche Glaube vnd Bekanntnuß/ so die Apostel gelehret/ die Martyrer bestättiget/ vnd die Glaubigen biß her behalten haben.

Vnd

Vnd also disputiren alle Vätter wider die alten Ketzer/ so die Gottheit Christi geleugnet/ die Naturen vermischet oder getrennet haben. Dieser starcke vnnd klare Beweiß der waren Gottheit/ der vnterschiedenen Naturen/ vnd der einigen Person Christi/ vnnd alle fürtreffliche orte der Schrifft/ auß denen solcher beweiß ist zunemmen/ werden gantz vñ gar zu nichten vnnd zu Wasser gemacht/ durch die Vbiquitetischen Lügen/ vnd werden also der Christenheit jre beste vnd fürnemmeste weren/ wider die Ketzer zustreiten auß den Händen gerissen/ mit sonderlicher list des Sathans/ vnter dem schein die ware Gottheit CHRIsti zuuertheidigen vnnd zubehaupten. Dann/ so das war ist/ daß auch der erschaffenen Natur/ das ist/ dem Leib vnnd Seele Christi ein solche gemeinschafft der Göttlichen eigenschafften vnd wirckungen widerfähret oder widerfahren kan/ daß sie selbst Allmächtig/ allwissend/ allenthalben gegenwertig ist/ vnnd die Gottheit alle jhre Göttliche wercke durch sie wircket/ So haben die Ketzer gewunnen spiel/ alle diese Sprüche der Schrifft zuuerstreichen. Dann wann wir auß denselbigen schliessen/ daß CHRISTVS müsse warer wesentlicher Gott sein/ sonst köndten diese ding nicht von jhm gesagt werden/ So haben die Vbiquitisten schon für sie geantwortet/ Es folge nicht darauß/ Dann diser Mensch sey mit Göttlichen eigenschafften dermassen gezieret/ daß Gott alle seine Allmächtige Göttliche Werck durch jn thut vnd vbet. Vnnd diß eben ist die meinung von Christo vnd seiner Gottheit/ der alten Ertzketzer Pauli von Samosata/ Arij vnnd anderer/ vnnd jetzund der newen Arianer vnd Samosatenischen/ vnnd des Machomets/ daß Gott diesen Menschen Jesum mit Göttlichen eigenschafften gezieret habe/ vnd durch jhnen wircke/ nicht aber daß er wesentlich Gott

vnd die

vnd die ander Person der Gottheit sey / eines wesens mit dem Vatter. Wer vns hierinnen nicht wil glauben/ der lese die Bücher der newen Samosatener vnd Arianer/ der leider nur zuuiel zu vnsern zeiten außgangen sind/ So wirt er befinden/ daß sie vber die Sprüche der Schrifft/ so wider sie sind/ eben diese Glossen führen/ deren vnser gegentheil sich behilfft/ Als wann sie ein theil auß des andern Büchern geschrieben vnnd entlehent hette.

Diß haben wir zuuor mehr beklagt/ vnnd beklagen es noch mit schmertzen/ Haben aber bey disen Leuten mehr nicht außgerichtet/ dann daß sie die Warheit je länger je mehr schmähen/ vnnd jhre Jrrthume/ mit newen fünden jmmer häuffen/ Welches/ vnsers achtens/ nicht allein vns/ sondern allen Christlichen Leuten billich wehe thut/ vnnd zu Hertzen gehet. Dann erstlich wird von vnserm gegentheil der grund Christlicher Lehre vnnd Religion mercklich verfälschet/ vnnd den Wölffen/ das ist/ den Ketzern vnnd Feinden CHRJsti/ Thür vnnd Thor auffgethan/ in die Herd CHRJsti einzureissen/ vnnd dieselbige zuuerwüsten. Zum andern/ werden wir vnd andere vnschuldige Leut dermassen gelästert vnd geschmähet/ daß wir mit falschen Aufflagen höher nicht könden beschwäret werden/ vnd dadurch viel schwache Gewissen schwerlich betrübet vnnd verwundet. Dann was köndte bösers von vns geredt vnnd geschrieben werden/ dann daß vnser Bekäntnuß ein grund vnd vrsprung der Türckischen Gottslästerung/ ja im grund nichts anders dañ der Türckisch glaube soll sein/ So doch auß vnserer Lehre nicht allein nichts solches kan gepresset noch geschmeltzet werden/ sondern alle solche Gottslästerungen zum hefftigsten vnnd stärcksten widerleget werden? Vnd zum dritten/ widerfähret vns solches von

y denen/

denen/die selbst die jenigen sein/die mit jrer Lehre den Ketzern anlaß geben/jre Jrrthume zubeschönen/vnd vnter dem schein der Warheit zuuerkauffen/vnnd dannoch dasselbe vbel das sie thun/mit gewalt auff vns sich vnderstehen zurechen. Dann sie wollen/daß nicht allein der Mensch CHRJstus/ sondern auch die Menschheit CHRJsti/Allmächtig/Allwissend vnnd allenthalben sey/vnnd alle Göttliche Wirckung vbe. Vnnd diß haben sie zuuor gesagt/geschehe nicht durch die wesentliche Gottheit des Sons GOttes/sonder durch ein Gabe der Menscheit von der Gottheit mitgetheilet. Jetzund aber sagen sie/Es geschehe durch die wesentliche Gottheit des Sons. Wir aber glauben vnd bekennen mit der Schrifft vñ allen alten Christlichen Lehrern/daß die Menschheit Christi weder durch ein erschaffene noch durch die vnerschaffene Gottheit/Sonder daß der Mensch Christus/nicht durch ein erschaffene/sondern durch die ewige/wesentliche Gottheit des Sons Gottes/Allmächtig/Allwissend/allenthalben ist/ja alles ist vñ thut/ was Gott ist vnd thut/Daruff daß durch verborgene vereinigung die Gotheit/samt der angenommenen Menschheit das wesen seiner Person ist. Sie wollen/der Mensch Christus sey darumb Gott/daß die Menschheit gemeinschafft der Göttlichen eigenschafften hat/vnd die Gottheit durch sie wircket. Wir aber/daß er darumb GOtt sey/daß die Gottheit zu dem wesen seiner Person gehöret. Hiemit vnterscheiden wir die Naturen in Christo/behalten die einigkeit der Person vnd die ware Gottheit Christi. Derhalben wir auff disem vnserm Bekanntnuß mit Gottes hülff zubestehen/zuleben vnnd zusterben gedencken/vnd bieten trutz allen Ketzern vnnd Vnchristen/welches vnser gegentheil mit seiner vergöttung der Menschheit CHRJsti noch lang nicht

auß-

außrichten wirdt. Nochdannoch müssen wir Türcken sein/ vnd sie haben Christum allein gefressen. Dann ob sie gleich sagen/ Es sey dannoch niemand von den jhren Arianisch oder Türckisch worden/ wie etliche von den vnsern/ so darff doch diß niemanden bewegen/ Dann noch nicht aller tage Abend kommen ist/ vnd vns die list vnd tücke des Sathans nicht vnbekannt sind/ Welcher/ die weil er sihet/ daß gegentheils newe gedichte jm einen gewündschten Weg bereiten/ die rechte Lehre von Christo zuuerdunckeln/ dargegen aber vnsere Lehre jm solchen Weg verrennet vnnd verleget/ So vntersthehet er sich diese/ die er gern auß dem Wege hette/ verdächtig vnd verhasset zu machen durch seine Werckzeuge/ vnd spart jm seine auff den stich/ die er gern erhalten/ vnnd jm hernach zu seinen sachen nutz machen wolte. Daß solches des Teuffels anschlag ist/ kan man leichtlich erachten/ nicht allein so man vnsere/ vnd des gegentheils Lehre/ vñ was auß beyder theils Lehre erfolget/ gegen einander helt/ sonder auch so man auff die weise vnnd wege sihet/ wie vnser gegentheil vnsere Lehre vnterzudrucken sich vntersthehet. Dann wir haben bißher/ vnsers verhoffens/ dargethan/ daß in vnserer Lehre vnnd Bekanntnuß kein vrsach zu finden ist/ darumb wir Mahometisch vnd Türckisch weren zu schelten. Dieweil dañ der Sathan sihet/ daß jm die Warheit zu starck will werdt/ So versucht er alle seine beste Meisterstück/ von dem Christus gesagt hat/ daß er ein Lügner vñ Mörder sey/ von anbegin. Leuget derhalben boßhafftiglich vnd vnuerschämt/ daß vnser Bekänntnuß im grund der Türckisch Glaub sey/ vnnd vermeint vns durch solche Lügen zu mörden/ vnnd die Sturmglocken vber vns zu leuten/ daß die gantze Christenheit zulauffen/ vnd die grawsamen Türcken todt schlagen soll. Were dieser Geist/ der vns also schmähet/

y ij   ein

ein guter Geist/vnnd hette er ein gute sach/so dürfft er sie mit solchen Mordlügen nicht führen. Auß diesen aber seinen griffen kan freylich dieser Geist vnnd sein fürhaben von verständigen Christen gnugsam erkannt vnnd gespüret werden. Vnd zwar versucht er durch diese seine Lügen nicht allein vns zumörden/ Sonder auch die grawsame Mörderey/ so nunso viel Jar in Franckreich/ Niederland/ vnnd anderswo/ an so vielen Christlichen/ Gottseligen Leuten begangen ist/ zubestättigen vnnd zumehren. Dann so viel tausend Martyrer/ nicht vber dem Türckischen Alcoran vnnd der verleugnung Christi/ sonder vber der verleugnung der Päpstischen Abgötterey vnd vber der reinen Bekanntnuß Christi/ von dem Antichrist verfolget vnd hingerichtet sind vnd werden. Nichte desto weniger vntersteht sich dieser Geist/ in die Welt zutreiben/ sie sind als Vnchristen/Gottslästerer/vnd Türcken gestorben/ Auff daß er vil Leut dieses Mords schuldig vnd theilhafftig mache/ vnd desselben je länger je mehr könne stifften/ Ja auch die/ so dem Blutdürstigen Antichrist/vnnd andern Ketzern vnd Feinden Christi/ mit einträchtigem rath vñ that/ solten widerstand thun/ dermassen wider einander hetzen/ daß sie dem gemeinen Feinde ein gewündschtes Freudenfewer anzünden/vnd selbest sie auffzureiben/ jhm das Schwerdt in die Hand geben. Wehe aber denen/ so sie nicht in zeiten Busse thun/ die sich von jhm zu solchem fürnemmen/ als seine Diener vnnd Werckzeug lassen brauchen/ vnd in das zuuor mehr denn zusehr brennende Fewer nicht anders blasen/denn als sie von dem Antichrist hetten Sott angenommen/dasselbe mit allem fleiß zuerhalten vnd zumehren. Wehe den Kindern

Psal.137.7 Edom/am tage Jerusalem/die da sagen/Rein abe/rein abe/ biß auff jhren Boden/vnd den Feinden Gottes jre schwerter
wetzen/

wetzen/die Kinder Gottes vnnd glieder Christi zuwürgen. Wehe denen/die da selbest den Feinden der waren Gottheit Christi den weg bereiten vnd weisen/vnd solches vbel auff die vnschuldigen legen. Sie sehen zu/daß nicht das Blut Abels rache vber sie schrey von der Erden in den Himmel. Es ist/ Gott lob/die Warheit so fern am Tag/daß sie/mit keinem guten gewissen/ja auch mit keinem schein einiger billigkeit/ vns dermassen können beschuldigen vnd außschreien/wie von jhnen geschehen. Fahren sie aber in jhrer frechheit fort/so wollen wir die sach Gott befelhen/vnd sie laden für den ernsten vnd gerechten Richterstul Jesu Christi/da sie jhm vnnd vns sollen rechenschafft geben/warumb sie vns für Türcken schelten/in dem/daß wir sagē/Nicht die Menschheit Christi/ sonder der Mensch Christus sey warer Gott/nicht von wegē der mitgeteilten Göttlichen eigenschafften/vnd Göttlichen wirckungen durch jhn/sonder von wegen der wesentlichen Gottheit seiner Person. Vnter des aber bitten wir alle Christen/durch die Ehre Christi/vnnd jhr eignes vnd gemeinet Kirchen heil/daß sie doch nicht diesen Lügenhafftigen vnnd Mördrischen Geist/sonder viel mehr vns selbest von vnserm glauben vnd Bekanntnuß wollen hören/vnnd nicht auß seinem Feindlichen Mordgeschrey/sonder auß Gottes Wort/ auß der einhelligen Lehre der gantzen/alten/rechtgläubigen Christenheit/vnd außerwegung vnserer wort vnnd meinung/vnd Vnparteyscher gegenanderhaltung vnserer vnnd des gegentheils Lehre vnnd gründe/vrtheilen/damit sie sich nicht mit verdammung der warheit vnd vnschuldiger Leut vergreiffen/vñ der Sünden vnserer verleumder teilhafftig machen/vñ so diese nicht seind zustillen/so wollen doch sie/so viel mit jhrer Gottesforcht vnd bescheidenheit verschaffen/das

Y iij die

CLXXII.

Die vnrůwigen/ vnuerschämten schreier dasjenige nicht können
nen auffrichten/ das der Vatter aller Lügen/ durch sie zuende
im sinn hat. Fürnemlich aber bitten vnd ruffen wir an vnter-
thenigst vñ vnterthenig/ alle Christliche Oberkeit/ in Teut-
schen Landen/ daß sie auß betrachtung jres wichtigen Amts/
so jhnen von Gott/ fürnemlich darzu/ daß sie Ernerer vnd
Schützer seiner Kirche sein solle/ ist aufferlegt/ bey jr vnter-
thanen solchem vnbillichen/ vnnd höchst schedlichen schreien/
lestern vnd verhetzen/ mit allem Christlichem ernst vnd eiffer/
zu weren vnd steuren sich befleissen/ Auff das sie nicht mit
der zeit/ des vnschuldigen Bluts/ so dadurch vergossen vnnd
mit Füssen getretten wird/ der grossen verletzung der Ehre
Christi/ vnd des vielfaltigen darauß folgenden schadens der
gantzen Christenheit/ ein allzu schwere rechenschafft müssen
geben/ als die durch jhr zusehen vnd stillschweigen/ den Lester-
meulern vnd Friedstürmern/ jhre gisst wider Christum vnd
seine glieder außzugiessen/ den Rachen haben auffgesperret/
Vnd weil sie in viel geringern sachen/ zuuor die warheit/ wie
billich ist/ erkündigen/ ehe denn sie ein vrtheil fellen/ So wöl-
len sie auch viel mehr in dieser wichtigen sache/ sich nicht von
vnuerschämten schwetzern mit der Nasen lassen vmbführen/
sonder zuuor selbst grund der Warheit erforschen vnd erfah-
ren/ ehe denn sie jemand glauben oder beyfall geben/ damit sie
nicht mit vnbillichem verdammen/ jhre gewissen schwerlich
verletzen/ vnd Gottes zorn vnd vrtheil vber sich/ vñ jre Nach-
komen/ vnd jhre Kind vnd Leute ziehen.

Wir bitten aber von hertzen/ den ewigen Allmächtigen
Son Gottes/ vnsern HERRN Jesum Christum/ daß er
die jenigen/ so auß vnwissenheit die Warheit hassen vnd ver-
folgen/ durch seinen Geist erleuchten vnd bekeren wolle/ daß
sie jhn

sie jhn mit vns eintrechtiglich bekennen vnd preisen. Die aber trutzig vnd wider jhr gewissen/ die erkante Warheit anfeinden vnd lestern/ oder dieselbe auß verachtung nicht wollen suchen noch verstehen/ vnnd dennoch vnser katzer sachen verfolgen/ Denselben wölle er durch seine Göttliche gewalt wehren/ daß sie jhn zuschmähen/ vnd seine Kirche zubetrüben vnd zubeschädigen auffhören müssen. Auch wolle er allen Christlichen Oberkeiten/ weißheit vnd mut geben/ daß sie dieselben/ durch welche jhre vnd andere Lande vnd Kirchen/ verführet/ verwirret/ verhetzet vn beunrüiget werden/ im zaum halten/ vnd jhr boßhafftig/ schedlich geschrey stillen/ vnd verleihe jhnen genad vnd glücklichen fortgang zu solchem Gottseligen Heilsamen werck / vnnd rotte auß seiner Kirche auß alle falsche Lehre/ Zwitracht/ Spaltung vnd Ergernuß/ daß sie jhn sampt seinem Ewigen Vatter vnd heiligen Geist/ Ewiglich mögen preisen. Amen.

Correctur.

fol. ff6. lin. r. ließ. Nach welchem. f. flvij. lin. riij. ließ. vnd des Sohns. fol. lrrj. lin. ir. ließ. vnd erweiset. f. lrrij. lin. rrv. ließ. vnbegreifflich. f. lrrij. lin. rroj. ließ. dennoch an jhr selbst. f. lrrir. lin. j. ließ. heiligen Geiste war. f. rcij. lin. j. ließ. daß sie mehr. f. rcv. lin. rrij. ließ. In den Articuln. fol. cr. lin. rroj. ließ. von den Opffern. f. criij. lin. viij. ließ. das Päpstlich. fol. crvj. lin. j. ließ. zu zeigen. f. crir. lin. rr. ließ. in vnsern Leib. f. crlv. lin. rv. ließ. Balg. f. rlvj. lin. rroj. ließ. daß wir die Allmächtigkeit. f. crlvj. lin. rrvij. ließ. hinwiderumb. fol. clij. lin. rriiij. ließ. eine Person.

Getruckt zu Heidelberg durch Johann Maier. 1574.

www.ingramcontent.com/pod-product-compliance
Lightning Source LLC
Chambersburg PA
CBHW032158160426
43197CB00008B/969